ちくま新書

天皇・コロナ・ポピュ……ら見る現代日本

筒井清忠
Tsutsui Kiyotada

1648

天皇・コロナ・ポピュリズム――昭和史から見る現代日本【目次】

はじめに

　日本の内外に次々に新しく起きる現象にどう対処すべきか、我々は日夜それに追われるが、歴史を学んだ者からするとどの現象にもかなりの程度既視感があることは否定できない。だから、こう見ればいいのではないか、こうすればいいのではないかと思いつくことは少なくない。こうした視点から、求められて最近の時事的問題について書いたものをもとにしてまとめて一書とした。したがって、「時事的問題について」と言っても私の場合、日本近現代史を研究しているのでどうしてもそこからの考察となり、副題はご覧のようなものになったのである。

　最初の二章は天皇及びその周辺の問題を扱っている。

　第1章は新天皇即位の際に書いたもの。思想史と政治史をからめたもので、しかも世界史と日本史を連動させたものとなった。また、こういうものはとりわけ間違いがあってはいけないのでかなり古い時代に至る細かい点まで考証は精確を期した。それだけに、ここで提起した天皇・皇室に関する論点のあり方は相当長いタイムスパンで変化がないと見られるので、今後ともかなり長く示唆を与え続けることができるのではないかと思う。

幸い、久保文明東大法学部教授（当時。現防衛大学校長）のおかげで、

Kiyotada Tsutsui, A Turning Point for the System of Emperor as Symbol: Bagehot, Emperor Showa, and Fukuzawa's *On the Imperial Family*, *Asia-Pacific Review*, Vol. 26, No. 2, 2019.

として英文も刊行され、海外でも知られることになった。

第2章は近衛《このえ》文麿《ふみまろ》・木戸幸一・原田熊雄という昭和天皇の周辺にいて昭和の戦争への時代の流れに大きく関わった宮中グループについてそれを大正時代から検討してみたものである。驚かされるのはその平等主義志向の強さであった。内大臣となる木戸は大正期、アナキスト・クロポトキンらを愛読していたのである。これだけ「左傾」化していては昭和になって社会の「平等主義的革新」化傾向を阻止することは難しかったであろう。

日本社会の大衆社会的同調主義圧力が強いことをどう見るかは本書の主題であるが、そ

れを抑制できなかった一つの原因は、それと距離をおくよい意味でのエリートの形成に日本は失敗したからである。単なる既得権益擁護にすぎない差別的エリート主義が否定されるべきことは言うまでもないが、ウィリアム・コーンハウザーも指摘したように、大衆社会状況の特性がエリートへの接近しやすさであるかぎり、接近しやすいエリートほど大衆に呑み込まれてしまうことは歴史が示している（ウィリアム・コーンハウザー『大衆社会の政治』東京創元社、一九六一年）。その典型がこの天皇の周辺の宮中グループであったことが、この章から見てとれるであろう。

皇室周辺のこうした「平民化志向」の強さは戦後も続く。今日の皇室とその周辺にも同じような「平民化志向」がたとえば「皇室離脱志向」という形を変えたものも含めて続いていることに思い至る人も多いであろう。問題は今に続いているのであり、このエリート論からの解決を考えねばそれは残り続けるであろう。

第3章から第5章までは、コロナ禍をはじめ現代の政治問題を戦前の歴史を参考にしつつ考察したものである。

第3章では、日本最初の普通選挙を現代選挙政治の原点として考察した。ある現象・制度は、それが始まったときにその基本的問題点も出尽くしているものだが、普通選挙制度もその例外ではなかった。与野党の攻防は激しく泥仕合化し、予想を上回る選挙費用の巨額化は疑獄事件を頻発させ、結局マスメディアの政党攻撃は政党政治そのものの批判・否定を招き、その没落を加速化したのであった。

とくに、ワイマール共和国においてはナチスの勝利・民主主義陣営の敗北に対する深刻な自己批判を知識人の間に生み出したが、それと同じものを日本のデモクラシー陣営が生み出し得なかった点は重要である。この反省は現在でもあらためてかみしめる必要があると思う。

そして、こうした状況下、天皇の政治シンボルとしての利用が繰り返されるたびに、昭和十年代の「天皇渇仰《かつごう》的政治」を導いていったのだった。

第4章は、コロナ下での緊急事態宣言状況を扱ったものである。正直に言って、現代の問題を扱うのに一九四〇年前後の国家総動員体制を採り上げ、再考することになるとは思ったこともなかった。そして、今さらながら考察してみて、両者の類似性、〝変わらない日本人〟というものにあらためて深刻な衝撃を受けたものである。

当然のことながらポピュリズム的現象を採り上げたが、ここで最後に問題にしたのはむしろコロナの専門分科会やマスメディアに頻繁に現れた「専門家」のあり方であった。先に述べたコーンハウザーの議論からすると、専門家もエリートと見られがちなので、そうだとすればエリートが圧迫されている状況の問題ということになるが、実は大衆社会論の先駆者オルテガは専門家を「大衆」とする定義を行っていたのだった。

オルテガは、専門家を大衆的人間の「頂点」とし、近代以降、科学を中心に専門化が進行した結果、自分の専門的研究領域しか知らない研究者が増大していることに警告を発したのである。科学者が、目前の自分の狭い領域の問題をどう解明するかだけを考え、それ以外のことを知らないことを美点とすら主張しだし、総合的知識に対する興味をディレッタンティズムと呼ぶようになったような「野蛮性」こそ近代社会の「退廃」の原因だとオルテガはいうのである。オルテガによれば、専門家が専門的知識のみに固執し、科学や人間のあり方を根源的に考えようとする総合的教養を喪失する傾向は近代の宿痾《しゅくあ》なのだ（オルテガ、寺田和夫訳『大衆の反逆』中公クラシックス、二〇〇二年。とくに「第一部12「専門主義」の野蛮性」参照）。

こうした限界を知りつつ我々は専門家問題を考えねばならない。そうすると、それはもっと大きな「専門知」と「総合知」のあり方の考察の必要性に行きつくことになるだろう。

この用語の対比は、私が近現代知識人を三類型「総合的知識人」「専門的知識人」「タレント知識人」に整理した論考（筒井清忠「『知識人』の再生と教養」『IDE：現代の高等教育』五二七号、二〇一一年一月）を起源としているが、この論考をもとに考えると、総合的知識人ではない専門家を集めた委員会などが無力なのは当然であり、またテレビに頻出する専門家はもはや「専門的知識人」でもなく「タレント知識人」というべき存在ということになるだろう。いずれにせよ、現代日本に最も欠けているのは「総合的知識人」であり、その形成が今後最大の課題ということになるであろう。

第5章は菅《すが》内閣論である。かねてから一つの内閣の盛衰を書いてみたいと思っていたが、ようやくその機会が訪れたわけである。私は政治人物評論が好きで、昭和では、外交に関しては清沢洌《きよさわきよし》・幅広い領域をカヴァーした大宅壮一《おおやそういち》がおり、内閣・人物となると朝日の有竹修二《ありたけしゅうじ》・毎日の阿部真之助もいたが、『政界人物風景』などを著した自由主義者馬場恒吾《つねご》はとくによかった。彼の書くものを読んでいると文字通りその時代の「政治的風景」「政治的人物の息吹き」というものが鮮明に伝わってくるのである。その上、いつも日本の議会政治の前進という使命を忘れず書く人なので励まされるのだ。これが、「政治学」という形で学問になると統計的に詳しかったり、概念が精緻になったりするのだが、この鮮やかな「息吹き」が失われてしまい、政治というものは「そういうものと違うだろう」とつい言いたくなってしまうものが多く残念なのである。どこまで行っても人間の営みである政治をいかに無味乾燥にならない形で分析するか、これは政治について書く者の永遠の課題かもしれない。

なお、説明のため第3章と重複した箇所がかなりあるが、二つの内閣の対比のため省くわけにはいかなかったことをご理解いただきたい。重複した箇所は頭の整理と思って読んでいただければと思う。

第6章から第9章は、以上の考察の基礎となる日本の大衆社会化・ポピュリズム化のプロセスを大正から昭和にかけて追ったものである。

第6章は大正時代を焦点とした。昭和前期の大衆社会化・ポピュリズム化には大正時代という前史のあることを知らない人が多すぎると思う。日比谷焼打ち事件、大隈内閣のかつてない選挙運動、関東大震災と後藤新平などを大衆社会化・ポピュリズム的傾向の起源として理解してもらいたいと思い書いた。現代政治を大きく規定するヴォイス・メディアとヴィジュアル・メディアを梃子とするマスメディア媒介傾向は、考えられる以上に根深いものであることを理解してもらいたい。

第7章はやや詳しい政治史的叙述となっているが、後藤新平という人物についての誤解を正すために必要なことであった。関東大震災のような突発的非常事態には、政治においては救世主願望にかられやすくポピュリズム的傾向が顕著になりやすい。後藤ほどの人でもその誘惑にかられたのであり、後藤攻撃のために書いたわけでなく、その問題点を明らかにすることが本章の趣旨である。したがってそのための対策についても言及しておいたので、今後の参考になればと思う。

　第8章は超国家主義者と軍人を扱う。大正から昭和前期の歴史を大きく下から揺り動かしたのは超国家主義者たちであった。そして昭和十年代には軍人の時代が来る。その二つの根柢にあったものは何かを掘り下げたのである。超国家主義者については研究の先駆者として大きく先鞭をつけた丸山真男、その欠陥を指摘し内在的な研究を本格的に始めた橋川文三《ぶんそう》など研究史の概観から始め、問題点を摘出していった。現在の研究水準を示すものとしては個別の事実関係については福家《ふけ》崇洋《たかひろ》氏・小山俊樹氏のものがあり、思想史的には中島岳志《たけし》氏のものもあるが、相変わらず橋川文三のものが卓越していると思う。それをさらに前に少しでも進めるためのヒントとして書いた。

　軍人としては辻政信を採り上げた。辻については最近、前田啓介氏・長南《ちようなん》政義氏らの成果が出て、新しい事実がいくつも明らかになり研究は大きく前進したが、辻をどう見るかというマクロな新しい視点は残されており必要とされよう。その点で、近代化との関連から考察した本稿の指摘は参考になるものと思われる。

第9章は、この時代全体の考察のため、一九三〇年代を中心にして一九二〇年代から四〇年代までについての私の見方をまとめたものである。短いので読みやすく、これまでの叙述と議論の整理のために至便であると思われ、終章の前提として最適と考えた。細かい点については拙著『戦前日本のポピュリズム』『昭和戦前期の政党政治』『近衛文麿』などを読んでいただきたい。

終章は、本書全体の主題である日本型同調社会がどのようにできあがったのかの解明を試みたものである。一方では、柳田民俗学を基軸に議論を構築した神島《かみしま》二郎の研究を最も参考にしつつ、他方では大衆社会論に大きく依拠した。しかし、なお、これから深めていかねばならないことも多く、本章は課題のとば口に立ったに過ぎない感もしている。それでも、これに代わるものが存在するわけではないので、議論のたたき台としての役割は果たしうるであろう。

また、これからの日本の政治の改革に少しでも役に立てばと思い、政治的リーダー形成のあり方についても言及した。本章が日本の議会制民主主義の発達のために少しでも貢献できればうれしく思う。

ロシアによるウクライナへの攻撃が始まった。権威主義的独裁国家による自由と民主主義への圧迫はますます激しくなると思う。一九三〇年代の再来である。そういう時代だけにあらためて本書が参考になることを願っている。

第1章　岐路に立つ象徴天皇制

†バジョットが説いた民主制の意義

二〇一九年四月の天皇退位・新天皇即位へと続く一連の事態（二〇一六〜二〇一九年）の底に流れるものをどう見るべきなのか。それらがテレビメッセージの放送という異例の形で始まったことも驚きであったたし、秋篠宮の大嘗祭をめぐる発言も「政治的ではないか」という反響を一部に呼ぶような、かなり驚かされる内容であった。それを考えるとき、問題を「天皇と安倍政権の対立」などという政局的視点から見たのでは、何も核心的なものを見出すことはできないことに気づかされるであろう。どうしてこのような事態に立ち至ったのかを思想的・歴史的背景から明らかにすることだけが、問題の根源的解決につながると思われるのである。そしてそれは、今後の新しい天皇・皇室のあり方を築く契機にもなるであろう。以下は、そのための判断材料の一つの提示である。

上皇の行動の思想的起源は、主に昭和天皇にあると筆者は考える。そしてその昭和天皇は、若き日にイギリスのジョージ五世の影響を強く受けており、そのジョージ五世はウォルター・バジョットの『イギリス憲政論』の思想的影響下にあった。バジョット→ジョージ五世→昭和天皇→上皇という系譜が存在するのである。そこで、まず話はバジョットの『イギリス憲政論』から始めねばならない。

バジョットが活躍した一九世紀のイギリスでは、チャーチスト運動という普通平等選挙制等を要求する民主主義運動が盛んであった。それは一八三八年に人民憲章というものを生み出し、『イギリス憲政論』が出た一八六七年には第二次選挙法改正に至っている。

一方、王室の側を見てみると、ヴィクトリア女王は夫アルバートが一八六一年に死去すると自失状態となりその期間が長く続き、議会にはほとんど出てこず、子供の結婚費用に関するときにだけ出てくるという有様であった。こうして国民の間には、君主制に対する懐疑の念が広まりはじめた。折から国外でも翌年、スペイン王政が崩壊(六八年)し、フランス第二帝政も崩壊(七〇年)していく。『イギリス憲政論』が書かれたのは、そうした君主制の危機の中においてであった。

　バジョットはこの本の中で、君主を国民統合の象徴とする著名な提言を行っている。

「国民は党派をつくって対立しているが、君主はそれを超越している。君主は……政務と無関係である。そしてこのために敵意をもたれたり、神聖さをけがされたりすることがなく、神秘性を保つことができるのである。またこのために君主は、相争う党派を融合させることができ……目に見える統合の象徴となることができるのである」（小松春雄訳）。

　バジョットはイギリスの憲政（constitution）を国家の「威厳をもった部分」と「機能する部分」とに分けた。前者は、国民の感覚に訴えて尊敬の念を喚起するものであり、後者は現実の統治を行うのである。前者には君主が、後者には内閣が該当するとした。

ウォルター・バジョット

　そして民衆にとって共和政は「面白くない行動をしている多数の人間に向かって、注意を分散させる統治形態」なので弱体であり、これに対し君主制は「興味深い行動をするひとりの人間に、国民の注意を喚起させる統治形態」なので「ひろく多くの者の感情に訴えるために」強力だとしている。

そのほか、宗教的な力によって政府を補強できる、社交界の頂点に立ち得る、道徳の指導者になり得る、などの有用性を挙げて君主制の意義を説いたのだった。

さらにバジョットはこれに加え、君主は「諮問に対して意見を述べる権利」「奨励する権利」「警告する権利」の三つの権利を行使することも必要だという重要な提言を行っている。すなわち、君主は政治に関与せず中立であることにより国民の尊敬を勝ち得、象徴たり得ると主張しながら、他方政治に介入する必要があることも主張したのである。君主制の再定義が求められる危機の中、能動的活動を行うことによって、君主の存在意義を示す意図と必要性があったのだと見ることもできよう。

†ジョージ五世と昭和天皇

さて、これを忠実に実行したのがジョージ五世であった。海軍兵学校で学び「船乗り王子」だったジョージ五世は一八八四年三月、ケンブリッジ大学のジョゼフ・R・タナー教授に個人的についてバジョットの『イギリス憲政論』を学んでいる。彼がイギリス議会政治について本格的に勉強したのも、これが初めてであった。そのときのノートには、君主

馬車でバッキンガム宮殿に向かう皇太子時代の昭和天皇とジョージ5世（1921年5月、ロンドン）

こそが、各政党から離れているがゆえに「公正な立場を保証」された一国の「唯一の政治家」であるという言葉がある。

即位の翌年、一九一一年にはさっそく政府と貴族院（保守党）の対立に際して、バルフォア ら保守党幹部を説得し、結局貴族院を諫める議会法を成立させており、さらに一九一四年にはアイルランド自治法案をめぐる対立から内乱の危機に陥ったとき、各代表をバッキンガム宮殿に集め、調停を試みている。

そして、一九三一年には自らの判断で労働党のマクドナルドによる挙国一致内閣を成立させたのだった。マクドナルドは党内基盤がなかったため、これはジョージ五世の「個人的選択」であり国王の越権行為として、著名な政治学ハロルド・ラスキの激しい批判を受けたものでもあった。

このジョージ五世のもとを日本の若き皇太子が訪れた。よく知られた裕仁《ひろひと》皇太子の一九二一年春から夏にかけての訪欧がそれである。まずイギリスを訪れた裕仁皇太子は、ジョージ五世からことのほか歓待された。同行した訪欧供奉長珍田捨巳《ちんだすてみ》伯爵は、ジョージ五世は「皇室の堅固なるは恰《あたか》も日英両国のみ」と言い「停車場にての別辞にも皇帝（ジョージ五世）は吾々皇室がと云うが如き語気なり」と伝えている。これは一八八一年、ジョージ五世が王子のときに日本を訪れ、明治天皇から特別の歓待を受け、竜の入れ墨までして帰って来た経験がなせることであったと見られる。

ジョージ五世はバジョットの説を学ばせるため、一九二一年五月一八日、わざわざ自らも学んだタナー教授の下に皇太子裕仁を訪問させ、「英国皇帝と其の臣民との関係」という講義を聴講させている。

昭和天皇自身も「ジョージ五世が、ご親切に私に話をした。……イギリスの立憲政治のありかた……その伺ったことが、そのとき以来、ずっと私の頭にあり、つねに立憲君主制の君主はどうなくちゃならないかを終始考えていた」と回顧している。「ずっと私の頭にあ」ったものが、ジョージ五世が身をもって示した「警告する権利」を軸とするバジョットの君主論であることは間違いないと見てよいであろう。また、そう見ることによってのみ、後の昭和天皇の政治的行動もよく理解できるのである（以上を含め本章全体にわたり、君塚直隆『立憲君主制の現在』新潮選書、二〇一八年、同『ジョージ五世』日経プレミアシリーズ、二〇一一年を参考にし、教示を仰いだことを謝したい）。

昭和天皇の非立憲的行動としては二・二六事件と八・一五終戦時の行動が名高く、よく知られている。天皇周辺がこれを意識的に広めたとも見られる（天皇自身、『昭和天皇独白録』でこの二つと田中義一《ぎいち》内閣の倒壊を挙げている）。こうしたクーデターの起こるような例外的非常事態の行動を除くと、天皇は政治に関与せず立憲的に行動したために、戦争を回避できなかったという説明にそれはつながるのである。言うまでもなく、それは戦後、天皇の戦争責任問題が浮上してきた中、とられた態度であった。「警告する権利」を発動した事実は、危険性が高くなってきたからだともいえよう。「警告する権利」を発動し政治に関与していればいるほど、それがどのような方向のものであれ、戦争を回避するためにも天皇は政治に関与できたのではないかという疑念、すなわち戦争責任問題が生じてくるからである。

天皇が、戦争に向かう昭和前期に実際にどのような行動を取ったのかは、一般にはまだ知られていないところもあるようだが、以下に書くように明瞭である。最も早くは、一九二九年七月の田中義一内閣の総辞職は、直接的には天皇の「逆鱗に触れ」たことによる面会拒絶という、非常にはっきりとした「警告する権利」の発動によるものであった（天皇の周辺間に対立のあったことなど、詳しくは拙著『昭和戦前期の政党政治』ちくま新書、二〇一二年参照）。

また一九三九年八月、平沼騏一郎《きいちろう》内閣が倒れ、次の阿部信行内閣が成立するプロセスでは、陸軍が三長官（陸相・参謀総長・教育総監）会議で決めた多田駿《はやお》陸相を、「どうしても梅津か畑を大臣にするようにしろ」と天皇は指名までして阿部新首相に変更を迫り、変えさせている。このときの天皇の言葉は「新聞に伝えるような者を大臣に持って来ても、自分は承諾する意思はない」という極めて強いものであった。これを聞いた有末精三《せいぞう》陸軍省軍務課長は「電気ではねられたように驚き」、さらにそれが「『陛下御直々の綸言』とわかって二度仰天」、直ちに改めて陸軍三長官会議を開いて畑俊六《はたしゆんろく》新陸相を決めている（筒井清忠編『昭和史講義2』ちくま新書、二〇一六年参照）。

当然のことながら天皇は陸軍三長官会議より強かったわけだが、これらは例外ではなく、他にも、一九三八年六月の近衛文麿内閣における杉山元陸相から板垣征四郎陸相への交代は天皇の意向がなければできなかったことであったし、一九三九年三月、大島浩駐独大使・白鳥敏夫駐伊大使が日独伊三国同盟締結を強硬に進めるのをやめさせようとした天皇は、二人が言うことを聞かないなら辞めさせると平沼首相に約束させ、五相（首外蔵陸海相）に念書（二八日付）まで書かせている（拙著『昭和十年代の陸軍と政治』岩波書店、二〇〇七年、『近衛文麿』岩波現代文庫、二〇〇九年参照）。

バジョット、ジョージ五世に倣い「警告する権利」を発動していたのは二・二六事件や八・一五終戦のときだけではなく、いくつもそうした事例が挙げられるのである。

†戦犯論と新憲法

しかしそのために、昭和天皇は戦後、戦争責任問題にさらされ、天皇制廃止の危機にすら直面したのであった。第二次世界大戦中から戦後にかけてアメリカの政府・世論には天皇戦犯論・天皇制廃止論も少なくなく、東京裁判前後にはオーストラリア・ソ連等にも天皇戦犯論は強く存在した。東京裁判のウェッブ裁判長ももともとは、天皇には戦争責任があるから裁判にかけられるべきだと考えていたのだった（武田清子『天皇観の相剋』岩波書店、一九七八年参照）。

こうして昭和天皇は極めて危険な状況に置かれたのだが、米占領軍の天皇利用政策と天皇を戦犯にしないようにと必死の活動をした人々との合作で、結局戦犯となることは免れたのだった（なお、「戦争責任」は多義的な概念であり、さらに天皇がそれにどう関係するかは大きな問題であるが、本章はそれを探究することが目的ではないため、これ以上立ち入らない。天皇自身は終戦直後に戦争責任をとるため退位すると発言しており〔八月二九日『木戸幸一日記』〕、マッカーサーとの会見でも「責任」を認めたと見られているが、次第に復興・再建に寄与することにより、責任をとる方向に転じていった。また、すでに引用した内容からわかるが、三国同盟の際の事例に見られるように、天皇の発言の多くが日米開戦に向けた方向と反対の方向に向けて行われていることは事実である）。

こうして新憲法が作られ、天皇は「国民統合の象徴」となった。この言葉の直接的契機が何であったかは諸説あるが（西修『証言でつづる日本国憲法の成立経緯』海竜社、二〇一九年、鈴木昭典『日本国憲法を生んだ密室の九日間』角川ソフィア文庫、二〇一四年等参照）、起源はバジョットであったと見てよいであろう。天皇条項を書いたGHQのジョージ・A・ネルソン海軍中尉は「ウォルター・バジョットの『英国憲法論』のなかに、国王の地位は〝儀礼的〟であるという意味で、〝象徴〟（symbol）という用語が使われていたことを思い出したのです。同書に影響を受けて、私が発言したことを記憶しています」と明言している（『証言でつづる日本国憲法の成立経緯』）。

この「国民統合の象徴」という言葉を見たとき、最も喜び勇気づけられた日本人は、実は昭和天皇であったかもしれない。バジョット、ジョージ五世という形で信奉してきた君主のあり方が憲法に明記されていると読めたのだから。まして追放により多くの戦前来の政治指導者が入れ替わった占領中は、〝為政者は入れ替わるが君主は代わらない〟として君主の〝長期的視野〟の意義を説いたバジョット説に確信を深めていたのではないかとすら思われる。

しかし客観的に見れば、バジョットの説のうち憲法には書かれていない「警告する権利」を発動したため「戦争責任問題」を追及され、「戦犯」に訴追されかねないという危険な目にあったばかりなのであったが。

一九四七年九月一九日、昭和天皇が御用掛《ごようがかり》の寺崎英成《ひでなり》を通じて、GHQ外交局長のウィリアム・ジョセフ・シーボルトに〝アメリカによる琉球諸島の軍事占領継続を望んでいる〟というメッセージを伝えていたことが、七九年にアメリカ国立公文書館の文書から見つかり、天皇の「沖縄メッセージ」として多くの国民を驚かせた。

四七年六月、片山哲内閣の外相に就任した芦田均《ひとし》は、新憲法成立にタッチしただけに、天皇が政治に関わることが好ましくないと考え、戦前のような内奏をしなかった。ところが、外務次官のところに現れた侍従次長が「陛下は外交問題について御宸念《ごしんねん》遊ばし……外務大臣が内奏に見えない……見えるなら土曜日でもよろしい」と伝えたのであった。こうして芦田は七月二二日、トルーマン・ドクトリンやアメリカ国務省の対日平和予備会議などについて解説し、天皇はこれに「日本としては結局アメリカと同調すべきでソ連との協力はむずかしいと考える」などと述べたのだった（八六年、戦後初期に首相をしていた芦田均の日記が刊行されて判明）。

以後、戦後もずっと内奏は続き、七三年には増原恵吉防衛庁長官辞職事件も生まれた。田中内閣の増原防衛庁長官は防衛問題につき内奏したところ、天皇から「近隣諸国に比べ自衛力がそんなに大きいとは思えない。防衛問題はむずかしいだろうが、国の守りは大事なので、旧軍の悪いことは真似せず、いいところは取入れてしっかりやってほしい」と言われ、「防衛二法の審議を前に勇気づけられました」と記者会見で言ったのだった。すぐに天皇の政治利用として問題化し、増原は辞職した。天皇はこのとき、「もうはりぼてにでもならなければ」「英国首相は毎週一回クィーンに拝謁する」と言っているが、野党の中には天皇の戦争責任を問い、退位を求める声や内奏は違憲とする声もあった（『入江相政日記』)。またもや、政治的リスクが伴われたのであった。

戦前戦後と閣僚を務めた岸信介《のぶすけ》は両時の内奏を比較して「陛下のご態度としては、特別に変りがない」と証言している(『岸信介の回想』文春学藝ライブラリー、二〇一四年)が、昭和天皇は政治的リスクを伴いつつ戦前戦後と「警告」的君主として一貫したのであった(以上、ケネス・ルオフ『国民の天皇』岩波現代文庫、二〇〇九年、後藤致人《むねと》『内奏』中公新書、二〇一〇年参照。ただし鳩山一郎や河野一郎のように、内奏をあまり行わない閣僚もいた)。

†文化を強調した福沢諭吉『帝室論』

さて、最後に上皇とこのバジョット説との関係について見ていかなければいけないが、その前にここで、バジョット説が近代日本でもう一つ別の流れを生んでいたことを見ておきたい。それが福沢諭吉の『帝室論』である。

福沢は、「帝室」のあり方を『文明論之概略』(一八七五年)、『民情一新』(七九年)などで政治的有用性の立場から一貫して論じていたが、憲法や議会政治開始の展望が見えてきた『帝室論』(八二年)では次のように論じている。

「帝室は政治社外のものなり。」国会が開かれれば激しい党派対立政治となり、国論が分裂する懸念があるが、その中で国民の融和には帝室が必要である。特定の政党が帝室を政治利用することがあってはならない。すなわち「帝室は日本人民の精神を収攬《しゅうらん》するの中心なり」。党派は火水のように争っても「帝室は独り万年の春にして」、バジョットは「一国の緩和力」と評している。

また、「徳義の風俗を維持」できるのは帝室だけである。その意味で文化における帝室の役割は大きく、「遠く海外に対して、日本の帝室は学術を重んじ学士を貴ぶとの名声を発揚す」べきだ。能楽・音楽・書画・彫刻・陶器・蒔絵・茶の湯・花・薫香など日本古来の諸芸術が今や滅びかかっており、その保存が必要となっているが、幕府・大名などの行ってきた保護はこれからは帝室が代わって行うべきであり、そのための予算も十分でなければならない。

福沢は「バシーオ」（バジョット）を文中で引用するなど参照・重視しながら「警告する権利」についてはまったく触れなかった。というか、君主を危険な政治的リスクにさらす行為に走らせないようにするのが執筆の主眼でもあったのだ。ヨーロッパの王室にテロ事件が起き始め、「天子様を別にしなければならぬ」と考え始めた（石河幹明《かんめい》『福沢諭吉伝　第四巻』）ことと、帝室を政治に巻き込みかねない福地桜痴の立憲帝政党ができたことから書いたものなのであった。

また、全体的には文化的側面の支援の強調といい、日本の皇室のあり方として、その非政治的・文化的伝統に則った形を考えていたともいえよう（この福沢のアイデアの起源は父百助の師・帆足万里《ほあしばんり》の『東潜夫論』と見て間違いなかろう。万里はそこで、政治・武備を幕府に委ね「至尊の位」にある王室は「文教を以て自らの任」とすべきことを説いており〔帆足図南次《となじ》『帆足万里』吉川弘文館、一九六六年〕、福沢の日本古来の諸芸術の保存推進における和歌の位置づけが、万里のそれと一致することが証左となる）。

原敬《はらたかし》首相は大正半ばに、政治の余波が皇室に波及することがないよう全責任を政府がとるのが「憲政の趣旨」で「皇室は政事に直接御関係なく、慈善恩賞等の府たる事とならば安泰なりと思うて其方針を取りつつある」（『原敬日記』一九二〇年九月二日）と言っているが、若き日新聞記者であった原は福沢の『帝室論』を読んでいたのではないだろうか。

†上皇の「警告」型を新天皇は踏襲するか

さて、日本の天皇の尊厳性を極端に強調した国体論が敗戦によって退場し、平和な文化国家としての戦後日本のあり方が考えられたとき、福沢の『帝室論』の有効性・実践性は

小泉信三

大いに考慮されうるものであった。言い換えると、このときバジョット以来の「警告する」君主制の方向を行くのか、福沢『帝室論』的な文化的コースを行くのかという岐路に当時、日本・皇室は立たされていたともいえよう。

そうした中、すでに見たように昭和天皇は戦前来の前者のコースをとったわけだが、後の時代のことを考えると、問題は明仁《あきひと》皇太子＝上皇がどちらに与するかにあったといえよう。

明仁皇太子がどのような君主イメージを抱くかについてはアドヴァイザーの小泉信三の存在が重要であった。小泉信三は若き日英国に留学し、慶應義塾大学の教授・塾長などをした後、一九四九年に皇太子養育係となっている。この頃、小泉は明仁皇太子と何冊かの書物を読んだのだが、その主なテキストとして『ジョオジ五世伝』（ハロルド・ニコルソン、一九五二年）と福沢諭吉『帝室論』があった。

『ジョオジ五世伝』をテキストにしたことについて小泉は「立憲君主は道徳的警告者たる役目を果たすことが出来るといえる。そのためには君主が無私聡明、道徳的に信用ある人格として尊信を受ける人でなければならぬ」「立憲君主は、道徳的奨励者及び警告者たる役目を果たすことが出来る。」（小泉『ジョオジ五世伝と帝室論』文藝春秋、一九八九年等）という点を強調している。

「警告する権利」を持つ君主がモデルとなったことは明白である。上皇も後に「その時に読んだ箇所は今でも非常に印象深いものがあります。……バジョットの憲法論、国王は相談され、励まし、そして警告するという、そういうことをジョージ五世は学ばれたと書かれていますが、……国のため国民のために歩まれた姿は感銘深いものがあります」（宮内庁HP）と回想している。

もちろん昭和天皇による皇太子期の上皇への直接的啓示もあったであろうが、こうして上皇のコースはバジョットの「警告」型コースに決まったのだった（この点につき、瀬畑源《せばたはじめ》「小泉信三の象徴天皇論」『一橋社会科学』第二号は参考になるが、バジョットの解釈は筆者とは異なる）。もっともそうは言っても、それは昭和天皇に比すれば抑制されたものであり、また一九七〇〜八〇年代にかけて歴代天皇の事績を学ばれたところから、「象徴」は「政治から離れた立場」とする見解が述べられたこともなかったわけではない（「記者会見」一九八四年四月六日、読売新聞、一九八六年五月二六日付）。

しかし問題は近年、昭和天皇の負荷の存在がしばしばこの「警告」型コースをとらせているのではないかということにある。

すなわち、昭和天皇には戦後も長く「戦争責任」問題が課せられ続けた。一九七五年訪米旅行後の記者会見で戦争責任を尋ねられ「そういう言葉のアヤ」と発言し、最近発見された死の二年前の侍従への発言にも「細く長く生きても仕方がない。辛いこと……が多くなるばかり。……戦争責任のことをいわれるなど」とあったのだ（一九八七年四月七日の「小林忍侍従日記」）。

そうすると、この問題に上皇がどう対処するかを考えたとき、一つの考え方として、こうした問題にかかわる政治的発言を回避するのではなく、むしろ積極的に「警告する権利」を発動し、昭和の戦争に対するある種のメッセージを鮮明に打ちだすという能動的方法もあることがわかる。

それは、いわば「警告する権利」により招かれた事態を回避するために、新たな「警告する権利」を発動することであり、大きな政治的リスクを冒すことになるのではあるが、考えられることではある。あくまで推測に留まることではあるが、近年のいくつかの歴史観に踏み込まれた発言がそれではないかと類推することも、それほど難しくはないであろう。

まとめよう。即位された「新象徴天皇」の立たされている岐路は、バジョット『イギリス憲政論』→ジョージ五世→昭和天皇→小泉信三→上皇とつながるイギリス的「警告」型君主のコースをさらに行くのか、福沢諭吉『帝室論』の温和な脱政治的日本文化型君主のコースを行くのか、にある。

そしてこれは、言うまでもなく我々の将来に関わる問題であり、我々国民自身が深く考えていかねばならない問題なのである。

最後に筆者からの提言として、次のことを書いておきたい。一九七〇年代初め頃、内務官僚から国会議員になった人物が文化勲章に決定した際、昭和天皇は「文化勲章というのは、家が貧しくて、研究費も足りない。にもかかわらず、生涯を文化や科学技術発展のために尽くした。そういう者を表彰するのが本来のやり方とは違うのか」と宇佐美毅《うさみたけし》宮内庁長官に漏らし、その結果、佐藤栄作前首相が昵懇《じっこん》の実業家に文化勲章が贈られるよう裏工作に走ろうとするのを宇佐美が留めるという出来事が起きている（岩見隆夫『陛下の御質問』毎日新聞社、一九九二年）。このような文化的な「警告」はどしどし行うべきなのである。

第2章　天皇周辺の「大衆性」——近衛文麿と宮中グループ

†ともに過ごした青春の日々

近衛文麿・木戸幸一・原田熊雄という昭和前期の宮中グループの中心メンバーが初めて出会ったのは一九〇七（明治四〇）年の学習院中等科においてであった。

すなわち、早く明治二八年に学習院初等科に入っていた木戸は六年級のときに病気で落第し、一年下の近衛と身長のせいで近接する関係となっていた（一年違いで最長と最短であった）のだが、今度は中等科の六年級のときに、東京高等師範付属中学を卒業した原田が中途入学してきたのである。

しかし学習院では三人は「出会った」に過ぎない関係であったといってもよいかもしれ

ない。この三人が本当に親密な関係を結んだのは、木戸も回想するように、木戸・原田の後を追う形で近衛が「京都大学に入学し直し、京都北白川の原田の下宿に立ち寄ったときから」（木戸幸一「序」勝田龍夫《しょうだたつお》『重臣たちの昭和史 上』文藝春秋、一九八一年、一頁）であった。すなわち、木戸・原田は学習院の高等科からそのまま京都大学へと進んだのだが、近衛は一高から東大に進んだ後、京都大学に入りなおすというコースを歩んだのである。

彼らは自ずと「白川パーティ」と呼ばれるものを形成した。木戸によれば、「西田幾多郎先生をかこんで『善の研究』を読んだり、休日には西田先生を加えて嵐山に遊んだり、近衛がロマンチックな作詩をして三高寮歌の替え歌でみんなそろって歌いながら北白川の辺を歩き回ったりしたものだ」（木戸幸一「序」一頁）。

一九一五（大正四）年、木戸は京都大学を卒業し、農商務省に入る。原田は日銀に入り滞英後、加藤高明首相秘書官を務め、加藤没後は元老西園寺《さいおんじ》公望《きんもち》の秘書となった。近衛は遅れて大正六年に卒業し、内務省地方局に籍を置いた後、パリ講和会議に随員として参加した。大正一〇年には貴族院仮議長となっている。

この頃のことを木戸は、「お互い三人、この頃は学生時代からの仲間としてのつき合いはあっても、政治的な意味合いは少なかった」（木戸幸一「序」二頁）としている。

第１次近衛改造内閣の集合写真。前列左から３人目が近衛文麿、右端が木戸幸一（1937年10月）

しかし今日、この回想を額面通りに受けとめる人は少ない。

この時期の彼らの動きについて最初に着目したのは、田崎末松《たざきすえまつ》氏の『評伝　真崎甚三郎』（芙蓉書房、一九七七年、二〇～二四頁）と思われるが、そこでは京都時代からの政治的志向性が指摘されるとともに、彼らに有馬頼寧《よりやす》らを加え、大正一一年一一月一一日に結成された青年貴族の政治的研究会「十一会」の存在が注目されたのである（ただし推測による叙述も多い）。

その後、藤原彰氏は「宮中グループの政治的役割」（『天皇制と軍隊』青木書店、一九七八年）において、彼らはすでにこの時期に将来を見据えて「着々と布石を打っていた」（同書、一八八頁）とした。

たしかに大正一三年の原田熊雄の加藤高明首相秘書官就任は、木戸の推薦の上で近衛が元老西園寺公望と相談して行われたことであり、原田が元老西園寺の秘書となったのも近衛・木戸の意見によるもののようである（原田熊雄『西園寺公と政局』第一巻、岩波書店、一九五〇年、「緒言」六頁。勝田前掲書、六〇～六二頁）。

西園寺公望（左）と原田熊雄

また、昭和五年に木戸は岡部長景の後任として内大臣秘書官長となるが、これは牧野伸顕《のぶあき》内大臣に近衛が推薦して行われたことと見てよいようである。当時、臨時産業合理局の第一部長となっていた木戸は父の没後、貴族院議員となっており（大正六年）、同僚たちから露骨に出世競争の邪魔者扱いされて「嫌気がさしていた」のでやめる潮時と考えていたというが、こうしたネットワークがあればこそ実現した転職であることも事実であろう（木戸日記研究会編『木戸幸一関係文書』東京大学出版会、一九六六年、九八〜九九頁。伊藤隆・広瀬順皓《よしひろ》編『牧野伸顕日記』中央公論社、一九九〇年、四〇一、四一二〜四一三頁。木戸日記研究会校訂『木戸幸一日記 上』東京大学出版会、一九六六年、三三頁。多田井喜生《たたいよしお》『決断した男 木戸幸一の昭和』文藝春秋、二〇〇〇年、四二〜四四頁）。

†三人を魅了した平等主義

しかし、後藤致人氏は、この藤原氏の研究は昭和五年以降を分析の焦点としており、それ以前のことが明らかにされていないとして（後藤致人『昭和天皇と近現代日本』吉川弘文館、二〇〇三年、六五頁）、木戸の「お互い三人、この頃は……政治的な意味合いは少なかった」という言をいわば逆の方向から覆している。

近衛文麿

すなわち、ロシア革命や国内の社会問題が彼らに与えた影響は従来考えられていた以上に大きく、彼らはこの時期、大きく「左傾化」していたというのである。

木戸幸一の場合、社会主義化の傾向は大正八年頃から本格化しているという。アメリカの社会民主主義者ジョ

原田熊雄

ン・スパルゴー、貴族出身のナロードニキ革命家ラッセル・スジロフスキー、同じくロシアの貴族出身の著名なアナキスト・クロポトキンなどの本を熱心に読み、有馬頼寧らのはじめた労働者のための信愛中等夜学校の経営に、木戸は積極的に参加しているのである。

この夜学校は大正八年に有馬が木戸らと社会問題研究会を起こしたことにはじまる。この発想が発展し、たんなる研究会ではなく社会事業を行うべきだというところから、夜学校の経営へと立ち至ったのである。この会は「信愛会」と名付けられ、後に近衛も参加し、「十一会」（貴族院改革問題から出発し広く「革新」問題を検討する会として発展していった）の一つの母体となったのであった。

さらに木戸は「現時の社会思想は庭園の私有を許さない」という趣旨から木戸家の別荘を売却することにし、そのうち五万円を信愛中等夜学校に寄付するというところまで進んでいる（以上は後藤前掲書、五三～七八頁による。なお山本一生《いっしょう》『恋と伯爵と大正デモクラシー　有馬頼寧日記一九一九』日本経済新聞出版社、二〇〇七年も参照）。

すなわち彼らは木戸の回想の言に反し、この時期かなりの程度「政治化」していたというのが実相なのだが、それは「左傾化」という意味での「政治化」なのであった。そしてそこに流れていたのは、広く当時の青年を襲った時代思潮としての平等主義のうねりであった。

近衛が大正八年に書いた論稿「英米本位の平和主義を排す」にもその傾向は明瞭にうかがわれる。近衛はこの論稿を次のように書き出している。

「戦後の世界に民主主義人道主義の思想が益々旺盛となるべきは最早否定すべからざる事実というべく（中略）蓋《けだ》し民主主義と云い人道主義と云い其基く所は実に人間の平等感にあり。之を国内的に見れば民権自由の論となり、之を国際的に見れば各国民平等生存権の主張となる。（中略）かくの如き平等感は人間道徳の永遠普遍なる根本原理にして、所謂古今に通じて誤らず中外に施して悖《もと》らざるものなり。」

（伊藤武編『近衛公清談録』千倉書房、一九三六年、二三一〜二三二頁。一部ルビを省きかな使いを改めた）。

木戸幸一

この論稿の思想的背景については中西寛氏の秀れた分析があるが（中西寛「近衛文麿『英米本位の平和主義を排す』論文の背景」『法学論叢』一三二巻四・五・六号、一九九三年）、この国内・国外にわたる二つの平等主義志向こそ昭和前期の「革新」思想の通奏低音であり、最も多くの支持者を集めうる思想となるものであった。

彼らのこうした平等主義的志向は昭和期に入った頃から「弱者救済」の実践的活動としては後退してくる（後藤前掲書、七九頁）が、こうした平等主義的意識（特に反英米的人種平等主義的心情）は長く残り、元老西園寺に代表されるいわゆる親英米派元老重臣層と彼ら（特に近衛）との決定的亀裂の根幹に存在するものとなるのである。

†貴族的「先手論」の限界

さて近衛は、早く大正の終わり頃から将来の首相候補と目されていたが、昭和一一年の二・二六事件の後に大命が降下する。しかし、近衛は引き受けなかった。元老西園寺の望む方向とは相容れないことが明白だったからである（詳しくは拙著『昭和十年代の陸軍と政治』岩波書店、二〇〇七年、「第1章　広田内閣組閣における陸軍の政治介入」参照）。

しかし、翌一二年には林銑十郎《せんじゅうろう》内閣の瓦解を受けてついに第一次近衛内閣を組閣した。原田が元老西園寺の秘書であり、木戸は文部大臣（後に厚生大臣）、有馬は農林大臣となった。白川パーティ・信愛会・十一会につながる人々が日本の最高権力に到達したのである。

しかし彼らの平等主義的志向の実現可能性の如何にかかわらず、組閣からまもなく始まった日中戦争の収拾がつかないまま、一四年初めに近衛は内閣を投げ出す。このグループの愛用する貴族的「先手論」（ある時代の方向性を先取りすることによりその流れに沿いつつそれを自分らに好ましい方向に変えていこうとすること）を近衛は実践したのだが、それは当時の日本においては戦争を拡大し泥沼化させるだけだったのである。

昭和一五年七月、ナチスドイツの電撃的勝利の中、近衛は再度組閣する。直前に木戸は天皇を政治的に補佐する内大臣となっており、彼らの権力はいっそう大きくなっていた。この内閣の下で日独伊三国同盟が結ばれ、北部・南部仏印進駐が行われ、日米関係は行き詰まっていく。

近衛と木戸の間に大きな亀裂が入ったのがいつかは確定できないが、一六年一〇月に近衛が内閣を投げ出した後に東久邇宮《ひがしくにのみや》内閣を考えたのに対し、木戸が東条内閣を推進していった（これも先手論からきていた）ときにはもう、亀裂は大きなものとなっていたといってよいだろう。

この後、天皇を掌中にした木戸の権力はさらに強大なものとなっていき、太平洋戦争が始まってしばらくの間は近衛も天皇に会えないような状況となった。近衛が「陛下は木戸のロボットの様だ。木戸は感情家だが、あんなことでよいものかどうか」（矢部貞治《ていじ》『近衛文麿』読売新聞社、一九七六年、七五七頁）と言うような状態になったのである。

しかし戦局が悪化し、東条内閣打倒のための工作の必要性が生じてからは協力も行われた。敗戦後の昭和二〇年一二月、近衛は自殺し、木戸はA級戦犯となった後、終身刑の判決を受け、昭和五二年まで生きた（近衛が自殺に至るまでの木戸との関係については諸説あるが、遺憾ながら断定のための決定的資料がないのが実状である）。近衛は一方では「一体に木戸は、ひどく他人の悪口を言い、誰のことでも糞味噌に言う癖がある。そのため今日では、自分も陛下の御信任はあるまい」と言っているが、他方では「木戸の欠点は欠点として、終戦についての功績は偏《ひと》えに木戸にかかっている」「終戦についての木戸の功績は、彼の今までの凡《あら》ゆる功罪を償って余りあるものだ。自分は木戸を弁護する心算だ」とも言っている（矢部前掲書、七五六〜七五七頁）。

†宮中グループと近代日本の蹉跌

「白川パーティ」から自殺・終身刑までの道のりは、その他の多くの日本人の政治家・知識人の歩みと共通したところがあり、当時多くの人が抱いた「革新」的平等主義が行き着いた一つの典型的コースといえよう。ということは、日本の貴族エリート的世界は多くの日本人の進んだ方向とあまり変わりがなかったということである。いやそれどころか、むしろ「先手論」で平等主義的「革新」という時代の方向への流れを、押されながらではあるが率先して作っていったのである。その意味では大衆との間にあまり距離のなかったことが逆に日本の歴史にとっては悲劇の因となったのであった。大衆がある極端な方向に流されているとき、それに大局的視野からブレーキをかけうるようなよい意味でのエリート層の形成に、近代日本社会は失敗したのだともいえよう。

宮中グループの経験が今日我々に告げているのは、こうした課題をいかに克服するかというところにあるように思われる。

＊本章執筆に当たっては引用した文献以外にも多くの研究の成果を参照した。特にポイントとなる昭和一〇年代の理解に関しては、川口暁弘「内大臣の基礎研究」『日本史研究』四四二号、一九九九年、松田好史「情報管理者としての木戸幸一内大臣」『日本歴史』六七八号、二〇〇四年、同「昭和期における『常侍輔弼』体制の変遷」『日本歴史』七一五号、二〇〇七年（現在その内容は松田好史『内大臣の研究——明治憲法体制と常時輔弼』吉川弘文館、二〇一四年所収）が有益であった。

第3章　戦前型ポピュリズムの教訓

†憲政史上初の問責決議可決

ポピュリズムが問題とされることが増えるにつれ、それとデモクラシーとの関係はどうなっているのかという論点が浮上してきた。とりわけ普通選挙との関係が問題である。すべての成人に選挙権を与える普通選挙が行われることになったときに政治は否応なしにポピュリズム的になったのではないか、ということが想定されるからである。

この点、男性だけという大きな欠陥があるにせよ、それでも一挙に選挙人が増大した日本の普通選挙（以下、成人男子を略す）の実施の際にどのようなことが起きたのかは大いに参考になるはずである。しかし、これまで十分に検討されたこともないようだし一般にはあまり知られていない。

そこで、以下では戦前の普通選挙がどのように行われ何を生み出したかを明らかにし、現在のデモクラシーのあり方を考える参考とすることにしたい。

ただその場合、普通選挙を実施した各国にはそれぞれの歴史に応じた特殊性があったはずであるが、日本では天皇の問題がある。考察はこの点を視野に入れつつ進めていく

田中義一

ことになるであろう。
一九二八年一月二一日、田中義一政友会内閣において解散詔書が発布され、日本最初の普通選挙が行われることになった。前年、憲政会と政友本党が合同し立憲民政党が成立していたので日本における二大政党政治が始まっており、その最初の総選挙でもあった。
ただ、軍人が社会的に邪魔者扱いされていた軍縮時代の当時、軍人出身の田中首相に対してマスメディア・知識人は「西にドン・キホーテあり、東に田中義一あり」（馬場恒吾）などと最初から批判的であった。また、前の若槻礼次郎内閣以来、マスメディアは絶えず「政党政治の暗黒時代」といった見出しで「既成政党」を批判し「新勢力」への期待を言

い募っていた。田中内閣と日本の二大政党政治は「不幸な出発」をしたなかで最初の普通選挙を迎えたのであった。

投票日前日の二月一九日、鈴木喜三郎《きさぶろう》内相が「(民政党の)議会中心主義などという思想は、民主主義の潮流に棹さした英米流のものであって、わが国体とは相容れない」(大阪朝日新聞、二月二〇日付)という声明を出した。これを野党と新聞が「政党政治を破壊する議会否認の思想」(東京朝日新聞、二月二〇日付)として批判し、大きな問題となった。

このしばらくあと、牧野伸顕内大臣に会った大阪毎日新聞幹部・岡実《おかみのる》(政治学者・岡義武の父)は「近頃皇室の事を濫《みだ》りに政治方面に論議する弊害を痛嘆」し、牧野も賛成している。若槻内閣の朴烈《パクヨル》(ぼくれつ)怪写真事件(「大逆犯」の「怪写真」がばらまかれ、若槻内閣はこれを一原因として倒れた)で知った天皇シンボルの有効性が最初の普通選挙に際し、さっそく駆使されたのであった。

与党による激しい選挙干渉が行われた選挙であったが、結果は政友会二一七(改選前一九〇)、民政党二一六(改選前二一九)、他[無産政党八など]三三、投票率八〇・三三%というものであった。

日本最初の普通平等選挙の総括として、評論家高畠素之《たかばたけもとゆき》は「政綱や政策を見て決するよ

初めての普通選挙で開票速報所に集まった人々

りも、候補者の有名無名が、投票の標準となる場合が多い」「人物がポピュラーであればあるだけ、それだけ『偉い』とか『強い』とか思うのだ」「無産党でも伯爵家の連枝など『親の七光り』を反映し当選したものが多く、腰掛的な意味でなく終始一貫して運動に貢献した人々がむしろ落選している」（高畠素之「普選戦総評」『経済往来』、要約）としている。

四月二〇日、普選後初の国会としての第五五議会が開催された。野党は、激しい選挙干渉を行ったとして鈴木内相の弾劾案を議会に提出、これに対し、与党政友会は野党切り崩し工作を展開し、中には買収したり暴力を使ったり旅館に缶詰めにしたりなど攻防は激しく、それがまた過大に報道され、大きく政党政治の威信を失墜させた。

結局、五月四日に鈴木内相は辞任を余儀なくされた。そこで、田中首相は当選したばかりの久原房之助《くはらふさのすけ》を逓相にする内閣改造を企図した。

水野錬太郎文相がこの人事に抗議して辞表を提出したが、天皇に会見した水野は天皇よりご諚《じょう》（優諚《ゆうじょう》）があったので留任したと発表し、これは天皇に政治責任を押し付ける行為として問題化した。事態は錯綜し結局、水野は辞職したが、この経緯全体にわたり田中首相の輔弼《ほひつ》のあり方が問題視されることになる。これが水野文相優諚問題である。

首相は天皇に進退伺を提出し、翌日却下されたが、これをまた「責任解除の弁解」として各新聞が一斉に論じ立てて首相を非難した。

貴族院の有力団体火曜会（近衛文麿ら中心）は、首相の態度を問題とする強硬方針を決定し、曲折ののち一九二九年二月二二日、ついに貴族院は首相問責決議案を一七二対一四九で可決させた。貴族院の内閣弾劾決議は憲政史上初であった。これを新聞世論は圧倒的に支持し、内閣を激しく攻撃した。

†天皇シンボルをめぐる抗争

天皇シンボルをめぐる政争はさらに続く。

一九二八年八月、不戦条約が一五カ国で調印されたが、条約文中にあった"in the names of their respective peoples"は天皇の大権干犯《かんぱん》という攻撃が行われ始め、一九二九年一月の議会で野党が政府を追及した。田中首相はこの字句は「人民のために」という意味であり問題はないと答弁し、議会は辛うじて通過したが、枢密院にはこの字句は日本には適用されないという宣言を付して諮詢《しじゅん》された。しかし、枢密院のための宣言発表とは「議会を無視し、国民を愚にする行為」（東京日日新聞）とまた、新聞などに批判されることになる。結局、六月二六日に同条約は枢密院を通過したが、調印した内田康哉《こうさい》枢密顧問官は混乱の責任を取って辞職した。

この天皇シンボルをめぐる抗争では、政府を攻撃したのが野党の民政党であったことが重要である。朴烈怪写真事件は憲政会（民政党）政府に対して政友会を中心とした野党が攻勢をかけた抗争であったが、水野文相優諚問題といい「人民の名において」問題といい、民政党も新聞・世論が沸騰しやすい天皇シンボルをめぐる攻撃を連続して仕掛けたのであ

爆殺された張作霖の専用車

る。

北伐軍の活動が続くなか、六月四日、奉天軍閥の張作霖《ちょうさくりん》は奉天近郊で関東軍高級参謀河本大作《こうもとだいさく》大佐の首謀により列車を爆破され、死亡した。田中首相は天皇に真相公表と関係者処分をいったん内奏したが、その後、真相非公表と警備責任者のみの処分というのが政府内の大勢となっていった。翌春にはこの方針が宮中関係者に伝わるとともに、この問題をめぐる新聞の政府批判は連日のように激しくなり、一九二九年六月二七日には「潔く速に最後の清算を果さなければならぬ時機に到達した」(東京日日新聞)とする猛烈な田中内閣批判が出た。

同日、牧野内大臣らは協議し、天皇から田中の態度変更について追及してもらうことに決め、その後上奏した田中首相に天皇は以前と方針が変わっていることを指摘し、田中が理由を述べようとすると拒絶した。翌二八日、田中首相の再度の上奏希望を天皇は拒絶し、七月二日、田中内閣は総辞職した。

新聞は一斉にこの内閣の「憐れな最後」を叩いた。

「積悪の限りを尽し……政権私有の非望を逞《たくま》しうす、天譴《てんけん》遂にその頭上に降りて、千載の下不臣の醜名を残す」（報知新聞、七月一日付夕刊）。

六月二九日、元老西園寺公望は「之（田中内閣）を倒すべしと……悪政なりと断ずるは何を以て標準とするや、何人が之を決定するや、危険なることとなり」と周辺に語っている。西園寺はこうした形での倒閣に大きな疑念を感じていたのだった（本章は、拙著『戦前日本のポピュリズム』中公新書、二〇一八年をもとにしているので参考文献は同書を参照されたい）。

†「清新」な軍部や官僚の台頭

以上の事実をもとに考察をしていこう。

高畠素之が指摘したように、普通選挙の実施によってやはりポピュラリティーの高い人が当選するという事態が生み出されたことは間違いないといえよう。ただ、マスメディアが今日ほど発達しておらず、祖先崇拝の観念が強かった当時は「先祖・親が有名であること」の要素も強かったことがわかるが、この点は世襲議員の異常な多さとして今日も存続しており、むしろ今日のほうが強くなっているところもある、かなり日本政治に特有の現象である。形容矛盾となるが祖先崇拝型大衆デモクラシー現象といえよう（家系重視であるから、ある意味では天皇制的ともいえる）。

それ以上に問題なのは、普通選挙とともに選挙干渉などをめぐる政争が激しくなり、買収や暴力などが増加しだしたことであった。これは民主政治への期待を大きく裏切るものであった。特に民衆の政治参加は公平で金のかからない政治を招くと普通選挙推進者達は主張していたのに、正反対の結果となったのである。

選挙費用制限が普選法において初めて定められたのだが、あまり守られた形跡はなかった。何よりも選挙の対象が飛躍的に増えたことにより選挙宣伝、そのための人的資源確保に大量の費用が必要となったのである。たとえば選挙ポスターには何も制限がなかったので大量に貼付されたが、それには印刷代だけでなく貼付作業の人件費が大量に必要であった。一万枚のポスターに七〇〇円かかると言われ、三五〇〇万枚近く貼られたという（玉井清『第一回普選と選挙ポスター』慶應義塾大学出版会、二〇一三年）。

制限選挙の時代は、有権者に資産があったから供応・買収などにも応じにくかったし、選挙対象が少ないため、こうした選挙宣伝などに必要な人間・費用も少なくてすんでいたわけである。

選挙に莫大な費用がかかれば、資産ある名望政治家たちではない多くの立候補者たちはそれを捻出するためには手段を選ばなくなる。このあとの時代を通じて、普通選挙後疑獄事件は頻発し、また反対党のそれを追及攻撃することは以前に増して激しく行われるようになる。そして新聞はまたそれを大きくセンセーショナルに扱い、政党政治＝腐敗として攻撃した。

なかでも、現在から想像しにくいこととして選挙干渉の問題があった。このように普通選挙後選挙違反は激増したが、この取り締まりを行うのは警察である。政権党は警察を掌握して、選挙のたびに反対党は厳しく取り締まり、自派には緩くすればよいことになる。

こうして第一回普通選挙のとき、投票日までの選挙違反検挙者数は民政党一七〇一人、政友会一六四人と、野党民政党が政友会の一〇倍強となっていた。ある政党が政権を握るとその政党人の内務大臣が就任し、その支配下の内務省が知事を任命し、警察署長・警察官まで代えて選挙に干渉するという事態は、政党政治である限り交互に続き、「党弊《とうへい》」として問題となるのである。「党弊」の激しい多くの県では役所・警察・消防から建築・道路・病院・ヤクザまで、地域は完全に二大政党に分極化していった。

そして、この政党の官僚支配・地方支配・政争の激しさ＝「党弊」が、より清潔なもの、政党政治に毒されないもの・中立的なものを求めさせ、五・一五事件（裁判）後には事件を起こした軍人たちの「清新さ」「至誠」「非利己主義」などがマスメディアによって高く評価されることになっていくのである。

さらに昭和一〇年代には逆に軍人・官僚的なものが重視され、結局「大政翼賛会」的なものを招くことになる。すなわち、普通選挙のもたらした政党の腐敗への批判から中立的で清潔と考えられた官僚や軍部の台頭が見られることになっていったのだった。これは第一に得られる、いわば政治史的教訓である。

次に検討すべきはいわば政治思想史的問題である。それは一部に不適切な事態があったとはいえ、普通平等選挙の結果に基づき行われた多数党の政府の政治に大きな問題があるとされた場合、デモクラシー擁護論者はそれをどう見るべきかという問題である。

当時のマスメディア・知識人はそうした問題に十分対応できなかった。彼らはそれを「一政党の横暴」と批判したが、制限選挙ではなく普通選挙なのであるから、結局その「一政党」に票を投じた「多数」＝「人民」にその責任を求めないわけにはいかなくなる。選挙における不正の問題を言い募っても、このあと選挙は繰り返し行われ、政友会と民政党は勝ったり負けたりしていくから、大局的にはあまり意味のあることではない。こうして、「人民」を疑えない彼らのデモクラシー擁護論は、かなり苦しいものとなっていったのであった。

ここで指摘しておかなければいけないこととして、当時多くの知識人は、政友会・民政党という既成政党＝「ブルジョア政党」への失望と批判を語りつつ、同時に新興の第三極として極めて少数の野党＝無産政党に大きく期待していたという点がある。

無産政党は当時しきりに自分らこそが弱者の代表者だと主張し、既成政党を批判していた。たしかに彼ら無産政党には既存の利害関係から距離を置いた強みがあったので、知識人・マスメディアが惹かれた事情も十分に理解される。

そして、少数のため政権担当の準備も実現性もない彼らは政府批判や理想を主に語ることになり、この点、やはり批判を旨にし理想を語ることの多い知識人・マスメディアとは非常に波長が合いやすいことになる。こうして、少数野党とマスメディア・知識人の一種の「連合体」が形成されることになった。そうすると、普通選挙による人民の多数の投票の結果選ばれた「非民主的」政府などという困難な問題は見ずに、無産党への期待ばかりが語られることになるのである。

この点が同じ時代のドイツと似ているようで違っていた。

ナチスが選挙で大勝して政権の座に近づき、ワイマール共和国が危機に陥ったとき、議会制デモクラシーの熱心な主導者ハンス・ケルゼンは「デモクラシーの船が人民自身による投票の多数により沈みゆくとき、デモクラシー論者は、一旦それとともに再浮上を期しつつデモクラシーの旗を掲げて沈みゆくしかない」と断言した。

ワイマール期のドイツにおいてはドイツ社会民主党やナチス、ドイツ共産党などの政治抗争は激しく、そこでは当時、世界で最も民主的な憲法・選挙制度の下、選挙民の獲得をめぐり死力を尽くした過酷な政治（思想）抗争が繰り広げられていた。そのためマスメディア・知識人が少数野党を助けてくれるというような状態ではなかった。そして、そのとき「議会政民主主義というくだらないものを壊すのが目標だが、そのためには議会政民主主義とその選挙制度を利用する」と広言するナチスのような政党が勝利するなどということは、デモクラシーを擁護するマスメディア・知識人には予期できないことであった。だからナチス勝利のときのショックは大きく、ケルゼンの発言に至ったのだった。

デモクラシーとは人民の多数意志の尊重なのであり、それを尊重しないデモクラシー論者というものは存在しえない。それを尊重しないのなら、投票すること自体に意味がなくなる。人民の多数意志を尊重しない人は、もともと自分と違う立場を尊重していないのであり、彼らの本体は自由主義者ではなく独裁主義者だとケルゼンは喝破した。

言い換えれば、日本の場合は無産政党が存在したため、知識人たちはケルゼンのような厳しい自覚を持ち得なかったのである。そして、この少数派となったデモクラシー論者はいかにすべきかという論点は今日でもなお同じ問題構成のまま、我々の前に残り続けているといえよう（少数野党とマスメディア・知識人の一種の「連合体」はその周辺の一定の人数のあいだに広まり、ある支持層を獲得したが、そうした「理想主義」は現実的な選挙民全体にまで広まることはなく、孤立した彼らは日中戦争が始まる頃には急速に「現実主義」化し、大政翼賛会が出来るときには他の誰よりも率先してそれに加わることになる）。

†超越的勢力とメディアの結合

そして最後に、日本における特殊な問題としての天皇をめぐる問題がある。この普通選挙の時期、大衆動員が容易な「天皇」が再三政治的に利用され、政治的焦点となったのだった。

前の若槻内閣で朴烈怪写真事件問題が起こり、皇室をめぐる一枚の写真が内閣を揺り動かして内閣崩壊に結びついたことを知り、大衆デモクラシー状況における天皇（国体）の政治シンボルとしての有効性を悟った政治関係者は、田中内閣時にこれをほとんどの政治的問題の焦点として利用した。すなわち、鈴木内相の「皇室中心主義」問題、水野文相優諚問題、不戦条約問題等である。こうした天皇の政治シンボルとしての肥大化が、統帥権干犯問題・天皇機関説事件等以後の時代に天皇シンボルのいっそうの政治的利用や「天皇親政論」的発想、すなわち天皇型ポピュリズムを導き出すことになるのだが、政党人・言論人にその自覚は乏しかった。

そして田中内閣崩壊の際は、天皇・宮中の政治介入が行われたことも重大な問題を孕んでいた。天皇は、牧野伸顕ら宮中のアドヴァイザーに相談しつつ田中を叱責したのであり、それは宮中の大きな力に支えられたものであった。

また、その宮中の背後には近衛に見られるように、宮中に近い貴族院の存在があった。党派対立への超然性が一つの趣旨であるはずの貴族院が田中内閣を苦しめ、倒閣へと導いたのである。言い換えると、天皇・宮中・貴族院という政党に基礎を置かない超然勢力が合同したのだから、田中内閣の維持は極めて難しかったといえよう。

しかしこうした超然勢力は元来、大正期などには日本に普通選挙（民主主義）的方向を実現するのに妨害となる勢力と見られていたのである。大正初期、桂太郎内閣が政府批判勢力を封じこめるために詔勅などを駆使したのを阻止しようとして、第一次護憲運動も起きたのだった。なぜ「超然勢力」たる彼らにこうしたことが可能だったのか。

それはいうまでもなく、前述のようにマスメディアがこれらの力の背後にあって、それを支えていたからであった。田中内閣の倒壊とは、天皇・宮中・貴族院と新聞世論との合体した力が政党内閣を倒したということなのである。

しかし「腐敗した」内閣であっても、普通選挙下の政党内閣は野党を主軸とした力によって倒されるのが健全な議会政治の道なのであり、これは不健全な事態である。「天皇をはじめとする政党外の超越的存在・勢力とメディア世論の結合」という内閣打倒の枠組みがいったんできると、「政党外の超越的存在・勢力」が入れ替わることにより、それと「メディア世論の結合」による政党政治の崩壊が起きやすくなるからである。実際、昭和一〇年代にはそれは清潔で中立的勢力と見られた「軍部」「官僚」「近衛文麿」など形を変えて再生されていき、戦前の政党政治は崩壊することになるのである。普通選挙下に肥大化した「超越的勢力とメディアの結合」というセットが、破局の戦争を招く一つのフォーミュラだったのである。

†ポピュリズムに陥らないために

以上、政治史・政治思想史・天皇の三つの論点から問題を見てきた。この大事な日本初の普通選挙の時期、マスメディアをはじめ多くの日本人は既成政党政治批判ばかりを繰り返し、日本の政党政治の健全な育成ということに意を注がなかった。既成政党批判が政党政治・議会政治そのものの批判、政党への嫌悪となることへの認識不足は、結局は政党政治を崩壊させ、最終的には大政翼賛会を導きだしたのだった。

「出たい人より出したい人」とは大政翼賛会の選挙スローガンだが、こうした無色感・非権力志向・脱政党色はさらに戦後を経て「支持政党なし」が多数を占めるという、現代日本の「政党支持層の少ない政党政治」につながっている（有権者の政党離れは世界的に見られるが、日本のように長期にわたり、多数が常に支持政党をもたないという国はない）。

普通選挙の結果が、結局は「支持政党なし」が多数を占める今日の議会政治につながったことを我々は深刻に認識する必要があるだろう。この点を考察し直すだけでも、現在の日本の政党政治が迂路から脱出する手掛かりを持ち得、ポピュリズムに陥らずに済む活路を見出すことができるかもしれない。言いかえると、我々は個々の政党ではなく、政党政治・議会政治それ自体に愛着を持ちうるような何かをいま、子孫のためにしているだろうか。それを何よりも問い直すべきであろう。

第4章　コロナ「緊急事態」で伸張したポピュリズム

†情けない「国家総動員」

二〇二〇年四月に緊急事態宣言が出され、新型コロナウイルスに政府の総力を挙げて対処するという事態が生起した。戦後未曾有《みぞう》の事態であった。この事態を考察するにあたっては、かつて日本では同様の事態に対してどのようなことが行われたのかを明らかにし、それとの対比でこれからのことも展望するのが最も適切であると考えられる。しかし、歴史に学ぶことの重要性が言われながら、意外にもこうした視点からの考察はあまり行われていないようだ。以下、それを試みることにしたい。

戦前、ある程度長いタイムスパンで国家的緊急事態への対処が行われたというと、昭和戦前の戦争の時代ということになる。この時代、まず張作霖爆殺事件、満州事変、上海事変、二・二六事件など事変・クーデターなどが続いたのち、昭和一〇年代の国家総動員法・新体制（大政翼賛会）の時代となる。

このうち事変等は中堅幕僚・青年将校など軍の中堅・若手将校が突出した事態だがその対処は突発的事態への対処という要素が強く、今回の事態との類比性はあまり高くない。ただ、こうした政府・軍中央の統制に服しない突出が事態を戦争へと大きく進めたということは記憶しておく必要があるだろう。

この後の日中戦争に始まる戦争の時代は、国家の総力を挙げて事態に対処せねばならず、この点で今回の事態との類比性は極めて高い。この国家総動員・新体制の時代の実態については著名であるにもかかわらず、あまり知られていないようなので、以下、本章ではこの時代に絞って検討することにしよう。

国家総動員法は一九三七年にできた企画院という官庁で立案されたもので、一九三八年一月に近衛内閣で成案された。人的・物的資源を統制運用するというもので具体的内容は勅令に委ねる包括的委任立法であった。これに対し政友会・民政党の二大政党は、議会の無意味化として強く反対する。

そこで一九三八年二月一八日、閣議で新聞紙条項等言論の自由に関わる内容を削除し、国家総動員審議会というものを作るという条項を追加し、議会に提出した。妥協による議会通過を図ったのである。

しかし、民政党の斎藤隆夫らは委任立法違憲論で政府を攻撃した。それに、ナチス全権委任法と類似しているという批判も厳しかった。後者に関して三月二日に近衛首相は「戦時のみに適用（されるもので）平時に適用せらるる『ナチス』の法律とは、本質に於て異る」と弁明している。

三月三日、陸軍省整備局佐藤賢了《けんりょう》中佐による議員への「黙れ！」事件が起きたが、「傲慢無礼な佐藤の一言は、陸軍の政治上の態度を端的に表現したもの」（国民新聞・木道茂久記者、読売新聞、一九七一年六月一〇日付）という見方があり、軍部が焦って突出している状況が読みとれる事態といえよう。

三月一一日、近衛は「支那事変に……用いるというのではない……将来万一来るべき戦争に対しての備」だと発言し、何とかして議会を通そうとしたが、この前後に近衛や末次内相が、議会解散総選挙、新党構想、緊急勅令による選挙法改正などを示唆・提唱したことが最も効くことになる。一九三六、三七年と二年続けて総選挙が行われており、解散・

総選挙を避けたい議員心理はそれだけ強かったのである。

そして三月一六日、国家総動員審議会の過半数を貴衆両院議員とする条件で衆議院を通過し、のちに貴族院も通過する（菅谷幸浩『昭和戦前期の政治と国家像』木鐸社、二〇一九年参照）。

こうして国家総動員法は制定されることになった。前例のない有名な法律のわりに、その決定プロセスに驚いた読者も多いのではないだろうか。国民総がかりといった色彩はなく、反対が多いので、最後は解散をちらつかせつつ、国家総動員審議会という議会メンバー参加の検討会を付設することで何とか決まったのである。いささか情けない「国家総動員」だった。

これは一九三三年のナチスの全権委任法と比較するとはっきりする。ナチスの全権委任法採決の国会では理由のない欠席議員は出席扱いとし、反対党議員は逮捕し、ナチスの暴力部隊突撃隊と親衛隊が議場を制圧して行われたのだった。その内容も政府命令は憲法無視が可能というものであった。

それに対し、国家総動員法では国家総動員上、必要事項のみに対象が限定されており、勅令のため既存の法律に触ることはできなかった。このため結局、一九四一年三月に大改正することになる。それまでは全面的には発動されず、輸出入品等臨時措置法等でカバーしていたのである。この大改正でようやく統制強化のため、政府の指定する個人・会社への国民の協力や一般物資への統制、命令等が可能となったのだった。太平洋戦争が始まる年になってようやく本格的な国家総動員法となったわけで、プロセスも内容も緩い法律だったのである。

†名ばかりだった近衛新体制

次に、大政翼賛会につながる近衛新体制についてみていきたい。近衛文麿を中心とする「新党結成」の動きはたびたびあったが、一九四〇年春にはそれが本格化する。〝既存政党とは異なる全国民に根を張った国民組織を作り、その団結・政治力を背景として強力な挙国的政治体制を確立し、軍部を抑え支那事変を解決する〟というのが近衛文麿とそのブレーン後藤隆之助《りゅうのすけ》らの最初の狙いだったという。

これに加わることになるのが、有馬頼寧・木戸幸一・矢部貞治《ていじ》（東大法学部教授）らであった。そしてその下には商工省官僚・企画院官僚グループからなる岸信介らの革新官僚がいた。

五月二六日に近衛・木戸・有馬が新党結成を申し合わせた頃には政友会中島派・久原派、

民政党は浮き足立ち始めていた。そして、「バスに乗り遅れるな」(東京朝日新聞、一九四〇年六月二日付)という事態になる。四月九日、ドイツ軍がノルウェー全土を急襲したのにはじまり、以後デンマーク、オランダ、ベルギー、ルクセンブルクを占領した。六月二二日にフランスは降伏し、英へ大空襲がかけられ、英は降伏寸前と言われだしたのである。

こうして「世界大変革の大渦の真只中に、東亜の現状打破とその新秩序建設に向って長期推進せんとする日本と欧洲の再建に向って現状打破の大業に邁進しつつある独伊とが、世界新秩序偉業の前にその関係を愈《いよいよ》緊密化し行くのは必然の姿」と各新聞は書きだしたのだった。

親英米的と見られた米内光政《よないみつまさ》内閣への攻撃が激化するなか、近衛は「新体制確立運動」のため枢密院議長を辞職する(六月二四日)。しかし、近衛の作ろうとするものは「幕府的存在」という批判があったため、近衛は「一国一党」的新党は放棄し、「職能的国民組織」を基礎とした「挙国的な国民運動」を展開するということに決める。このあたりから中身はぼやけ始めていた。

辞職により近衛が新体制を作ると見られた効果は大きく、各政党は次々に解党していく。七月六日、社会大衆党、七月一六日、政友会久原派、七月二六日、国民同盟　七月三〇日、政友会中島派、八月一五日、民政党。こうして日本に政党がなくなっていくなか、七月一六日に米内内閣は総辞職する。

七月二二日に第二次近衛内閣が成立し、「ものすごい人気」（風見章《かざみあきら》）と言われるほど近衛人気は沸騰した。しかし、既成政党の割り込み策動により「革新派」のみの結集は困難になったと近衛周辺は見始めていた。そして、八月二八日には新体制準備会が開会されることになり、そこで、中核体をどうするかという問題から「大政翼賛会」というものがひねり出されることになった。

一〇月一二日、その発会式で近衛は「綱領は大政翼賛、臣道実践という語に尽きる」「これ以外は実は綱領も宣言も不要」と言い、聞いている人々を啞然とさせた。それは出《しゅっ》来《たい》当初から実体の乏しい存在だったのである。

一九四一年一月二八日、平沼騏一郎内相は大政翼賛会を「公事結社」「衛生組合のごときもの」と明言し、政治活動を禁じた。二月八日には近衛首相も「政府の補助機関」と明言し、初期の構想の完全な瓦解がはっきりとした。新体制も大政翼賛会も体制・組織としては名存実亡のものとなったのである。

†過剰同調・監視社会化

このように、国家総動員法も大政翼賛会も名ばかりというところがあった。前者は議会で政党の反対が激しいので苦しい答弁を繰り返し、結局は解散をちらつかせ、付属機関の設置でやっと通過し、後者はナチスドイツのヨーロッパにおける電撃的勝利が日本国内に作り出した新体制ムードが産んだ典型的なポピュリズム現象であった。大きな掛け声のもとでできたのは「衛生組合のごときもの」に過ぎなかったのだ。

国家総動員法も大政翼賛会も、作られた法律や組織がナチスドイツのそれと同じようなものだと想定することは明白に間違いなのである。しかしだからといって、日本の国民生活がこの時期に窮屈・圧迫を感じられるようなものではなかったのかというと、それはまったく違う。上からの直接的強制は想定されるほどのものではなかったのだが、むしろ下から国民生活を大きく動かすものがあったのである。では下から国民を動かしていったものとは何なのか。

一九四〇年七月、奢侈《しゃし》品等製造販売制限規則が施行される。商工省・農林省が国家総動員法を根拠に発令したもので七・七禁令とも言われる。不急不用品・奢侈贅沢品・規格外

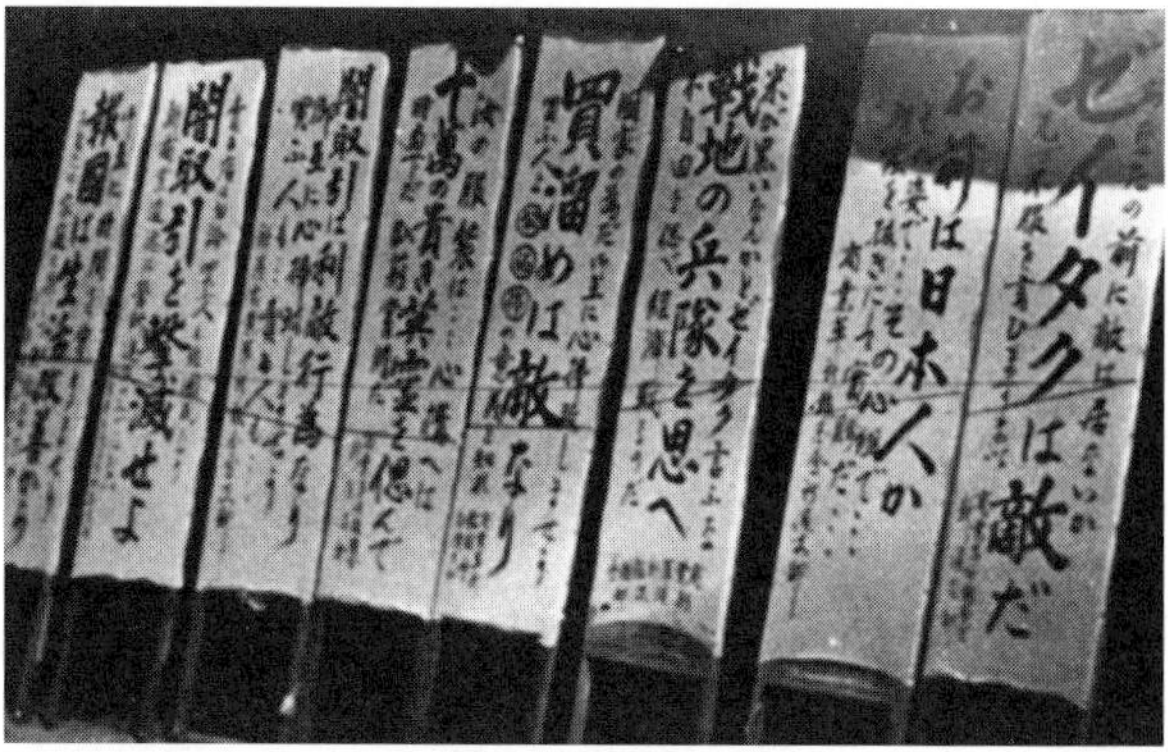

「ゼイタクは敵だ」などの言葉が並ぶ富山市内の看板（1940年）

品等の製造・加工・販売を禁止するもので、宝石・銀・象牙製品、高価なオーダーメードスーツ・腕時計・カメラ・靴・苺・メロン等が対象になった。「新しき国民生活体制の樹立に向って出発」したのである。

八月一日には「贅沢は敵だ」という著名なスローガンが出される。永井荷風はこれを「魯西亜《ロシア》共産党政府創立の際用たる街頭宣伝語の直訳也と云」と評している（『断腸亭日乗』）が、東京市内一二カ所に贅沢監視部隊が現れ、デパート・食堂・映画館・劇場・カフェー等がその対象となる。「地域的には銀座と新宿が最も悪く」と言われるように、「銀ブラ」人や接客業を主とする「夜の街」がターゲットにされた。その後、戦争の進行とともに劇場・旅館・高級料理店・飲食店・喫茶店・酒場・芸妓置屋・カフェー等が休業・転廃業に追い込まれていくことになる。

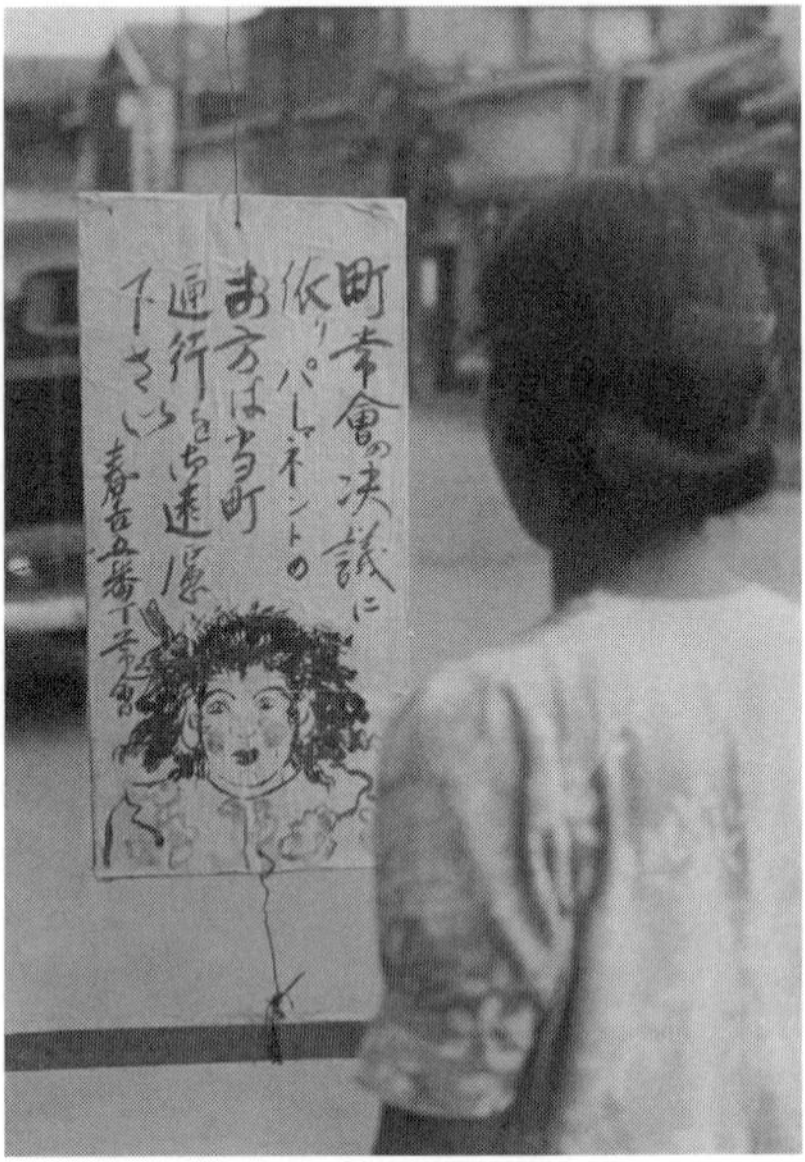

町会の決議によりパーマネントの人の通行をお断りとする看板（福岡市内、1940年、朝日新聞社提供）

また、九月には隣組ができ、相互監視の目は強まる。四一年に米穀の配給制度（六大都市）などができると、ますますこうした相互監視は強化されていった。「女中」は「無為徒食の奥様」を攻撃し、小商店主等の「隣組長」が灯火管制・防空演習に不熱心な「大学教授」を叱咤することになる（こうした事例は清沢洌『暗黒日記』に無数に挙げられている）。「戦時中には軍と警察が恐しかったと言われているが、私の実感としては隣り近所の人の眼の方が恐しかった」（吉村昭『東京の戦争』筑摩書房、二〇〇一年、九五頁）と言われる過剰同調・監視社会化が進んでいったのである。

母親が軍隊に面会に訪れて兵士に「お母さんがかわいそうだと思ったら、逃亡だけは絶対に、しておくれでないよ」と言った際、「彼女が恐れたのは帝国陸軍ではなく、世間という名の民間人であった。その『後ろ指』なるものは、軍より冷酷だった」（山本七平『一下級将校の見た帝国陸軍』文春文庫、一九八七年、二二八頁）と言われることがあるが、この事態もこうした背景から初めて理解できよう。

†緩い法制とポピュリズム

さて、今回の緊急事態をこの昭和一〇年代に起きた出来事と比較するとどうか。非常に共通性が高いことを指摘することが可能であり、驚くほど似ていると言っても過言ではないだろう。特に新体制とは類似性が高い。ともにポピュリズム的要素が強く、政府を突き動かす形で国民のほうから緊急事態を作り出しているからである。新体制時は、ナチスドイツのヨーロッパにおける圧倒的勝利が親英米の米内内閣を倒すという背景から起きたことだったが、今回も欧米における圧倒的なコロナの「流行拡大」が日本に大きな影響を与え、緊急事態宣言を安倍晋三内閣が出したときには「遅すぎだ」と言われる有様だったことまで似ている。

そして、ナチスドイツの授権法などの強力な全体主義体制に比べると、当時の国家総動員法や大政翼賛会が緩かったのと同じように、欧米の強力なロックダウン体制に比べると日本の緊急事態は非常に緩く、国家権力の持っている強制力は欧米に比すと弱いものであった点も共通している。

さらに、今回も上からの法制的強制力は強くなかったのにもかかわらず、下からのポピュリズム的同調圧力は極めて強いものがあった。営業店舗への嫌がらせ、海岸・公園等での監視、県外ナンバー車の追い出し、感染者・病院従事者へのいじめと差別という恐ろしいまでの「自粛」が行われた。マスク必須の風潮はむしろ下から相互に作り出され、地方ではコロナにかかると「村八分」のような状況が現出するので人々はコロナにかかることをひどく恐れたが、この点でも昭和一〇年代とあまり変わらなかったのである。

また、専門家会議の（メンバーらしき）一部の人物が大量の死者が出ると言う予測を行い、これをマスメディアが大々的に伝えたことによって世論を恐怖に包みこむようなことが行われたが、この突出性からは昭和前期の陸軍の中堅幕僚による事変等の下剋上的行動が想起される。

緩い法制・体制とポピュリズムに基づいた同調圧力が基本にあり、そこに正規の手続きを踏まない突出という昭和前期とほとんど同じ事態が、今回も現出したとも言えよう。これでは、同じような事態が起きればまた同じようなことが繰り返されることになるだろう。では、どうすればよいのか。

†専門家のあり方の再考を

緩い法制・体制の対局にあるのは厳格な法制・体制であるが、そのようなものはあまり望まれていないように思われる。それが日本的システムというものであり、最もそれが壊れたと見られている戦争中でさえ、前述のように緩かったのである。統制経済を実施する法案を作った革新官僚の迫水久常《さこみずひさつね》と下村治は、抜け道を防ぐためにいくつもの法律を作りつつも向いていないことを実感し、戦後、所得倍増計画を実行するにあたっては極力国民の自発性に任せることにしたという。上からは緩やかな統制のほうが向いており、厳格なそれは反感を買うばかりなのだ。

今の我々に比較的可能なのは、下からの同調圧力を減じることだろう。ただ、下からの同調圧力といっても実はそこには何らかのたてまえ・スローガンがあって、それに合わせて形成されることを忘れてはならない。では、それを作るのは誰なのか。言うまでもなく、かなりの部分はテレビなどのマスメディアなのだが、そこに政府の突出した部分が加わると極めて強力となる。実は、最も強力なポピュリズムの正体はこの両者の連携なのであり、今回もこの連携が生じたのであった。

その点では今回、特に露呈された問題は専門家会議の一部とマスメディアの合体ということになるだろう。日本社会、特に政府は専門家というもののあり方をどのようにすべきかについて、十分に検討してこなかったところがある。平時には官庁・役人の言うことを聞きやすい人を選んでおいて、専門家の意見を聞いたという体裁を整えることにのみ使っているから、こうした緊急事態が起きると、全体のバランスを考えながら複数のジャンルの優れた専門家を選んで、適正に判断を仰いでいくことができないのだ。出口を考え、最初から医療専門家と経済・社会の専門家の二つを並行して走らすことすらできなかった。こういう弱さが専門家会議の一部の突出を生んだのである。

これはマスメディアも共通で、日ごろから各ジャンルにおいて知名度だけに頼らず、自分自身で信頼できる専門家を探しておくという努力をしていない。テレビのワイドショーなどに出ている「専門家」が予測をことごとく外し、たびたび意見が変わっても平気で何の反省もなく出続けるという有様では、政府批判の資格もないだろう。そこから専門家会議の一部による極端な主張に簡単に飛びつき、大々的に宣伝をするというような事態も起こってしまったのだ。かつて、威勢のよい陸軍将校に乗せられたように。

結局、政府もマスメディアもポピュリズムによる過剰同調事態・社会をつくらないようにするために、優れた専門家の養成・選出・駆使に何よりもエネルギーを注ぐべきであることを明らかにしたのが今回の緊急事態であり、それが現代日本の一つの大きな課題だということになるであろう。この課題遂行のための時間的余裕はあまりないように思われる。

第5章　ポピュリズムと危機の議会制民主主義──菅内閣論

†突然の退陣表明

岸田文雄議員の総裁選出馬表明から菅義偉《すがよしひで》首相の突然の実質的退陣表明、新首相・内閣の成立へと二〇二一年八月末から九月にかけて実に慌ただしい政変劇が展開され、菅内閣は終焉した。昭和史を研究している私がこの菅内閣の最後の様子を見ながら想起したのは、昭和初期の田中義一内閣のことであった。

菅内閣というものを通して、今後の日本政治のあり方を考察してみたいと思っているのだが、それにあたっては共通点が多い田中義一内閣の事例から考えていくことが最も参考になると思われるので、その点を書いていくことにしたい。

田中義一内閣といっても、ほとんどの人は詳しいことは知らないであろう。またご存じの方は、田中内閣は張作霖爆殺事件（満州某重大事件）という問題で天皇の不興を買って退陣した内閣として記憶しているのではないだろうか。これはある程度事実なのでそういわれるのも仕方ないのだが、実際は、張作霖爆殺事件以外にも鈴木内相選挙干渉問題、水野文相優諚・貴族院首相問責決議問題、不戦条約「人民の名において」問題など、詳述は省くがいくつものことが積み重なった複合的要因で倒れていることを理解しておいてもらいたい（第3章も参照。また、詳しくは拙著『戦前日本のポピュリズム』中公新書、二〇一八年参照）。

†田中義一の教養

さて、第一に指摘される両内閣の共通点は、大衆が政治に参加し、大きな決定権をもつ普通平等選挙制＝マスデモクラシーの時代になるとトップリーダーにとっては一般に与えるイメージが決定的に重要になるのだが、この点で、二人とも極めて大きなマイナスを抱え込んでしまい、正確な評価を得られない結果に終わってしまったということである。

田中は武士の非常に低い身分から出発しており、自分のことを「オラ」ということなどから知識人層から「教養のない人物」として差別視されることが多い存在であった。よって前述の通り「田中首相の財政知識がゼロであるとひとしく、人口問題……を全然理解していない」（東京朝日新聞、社説、一九二七年七月二二日付）、「西にドン・キホーテあり、東に田中義一あり」（馬場恒吾）などと成立当初からいわれたのである。

田中はインテリ層からなるマスメディア・言論界から批判を受けやすい存在なのであった。

しかし、長く朝日新聞の政治記者をした有竹修二は「『井上準之助は良き理財局長、若槻礼次郎は優秀なる大蔵次官だ』（賀屋興宣《かやおきのり》）という。この考え方からすると、むしろ田中義一は総理大臣の器といえる」（有竹修二『昭和の宰相』朝日新聞社、一九六七年）と褒めており、陸相時代に大局を考え、海軍に予算を譲ったことなどからこうした見方も強かったのである。だから政友会総裁にもなり、首相にもなれたのだった。

また、田中は決して無教養ではなかった。一九〇七年一二月、田中が麻布の歩兵第三連隊長に補せられたとき、社会主義者の白柳武司《しらやなぎ》（秀湖《しゅうこ》）が入隊してきた。田中が「中隊長に特にその監視と取扱いを注意して報告を求めると、班長も同班兵も毛虫にさわるように白柳との接触を避け、白柳もまた昂然として孤立しているのが、『俺は社会主義者だぞ！』と自ら高く標置しているように見える」という有様だった。そこで、田中は連隊長室に白柳を呼び、胸襟《きょうきん》を開いて話し合った。

「お前が社会主義者になった思想的動機は何だ」と聞き、白柳が「いろいろあるが、その一つはツルゲーネフの小説を耽読したことだ」と答えたので、田中が膝を乗り出して、「オラなど駐在武官としてロシアにいる間、ツルゲーネフを愛読して、大いに感銘を受けたものだ」といった。これで二人は打ち解け、結局、田中に感心した白柳はのちの軍務を滞りなく過ごしたという(『早稲田大学百年史』第二巻、第五編、第八章五)。

†政治評価感覚の変化

そして、首相になると大蔵大臣に高橋是清《これきよ》を登用した。高橋は折からの未曾有の金融恐慌を、モラトリアムを実施して短期間で解決し、今でも近代日本史上最高の大蔵大臣として高く評価されている。

しかし、これは忘れられていることが多いが田中内閣の行ったことなのであり、一部は田中の功績でもあった。そしてその背後には「これからは経済外交の時代だ」として大蔵大臣選出に気を遣った田中の知的センスがあったのである。

だが、こうした田中の知的センスは知られることが少なく、そして、その実務的政治能力はマスメディア・言論界知識人の世界では高い評価を得ることは少なかった。

菅首相に対しても、歴史小説などの読書家であることはあまり知られないままで、ワクチン接種の急速な達成などの実務的政治能力が評価されずに終わったように思われる。ある場合には、その教養が疑われるなど露骨な学歴差別が行われたときすらあった。

そして、あとになればなるほど「説明不足」ということがいわれだし、支持率低下の最も重要な要因とすら見なされたが、最初からこの印象は強く、終始付きまとっていたのである。それは、実務的処理能力如何《いかん》にかかわらず非常にマイナスになったと思われ、知的差別も強いと思われるなか、是正は容易ではないが政権担当サイドの大きな反省点といえよう。

高橋是清

また、政権を評価する側にとっても、実務的政治能力と説明能力との間をいかにバランスよく評価すればよいかという大きな課題を残したように思われる。
ちなみに、田中内閣の時期に日本で初めての普選が行われたのだが（男子のみだが）、そのときシャープな政治評論家・高畠素之は次のように書いている。「雄弁家として定評ある候補者が、当落ともに意外の得票を集め得たことなども、恐らく、雄弁的資格を人物的資格に錯覚した結果と思われる。これなども、よくよく考えて見るなら、雄弁家たる資格と政治家たる資格とに何らの相関性なきこと明瞭なんだが、比較考証すべき一切の材料を有せぬところから、鶏鳴狗盗《けいめいくとう》の一技たる雄弁を選択したに過ぎまい」(高畠素之「普選戦総評——総選挙より新議会へ」『経済往来』第三巻第四号、一九二八年四月)。

普選時代になると、多くの大衆が政治に参加するので、政治家にとって本質的には重要な能力ではない「雄弁」が重要な判断材料となってしまったと批判しているのである。「雄弁家たる資格と政治家たる資格とに何らの相関性なきこと明瞭」とは、今日とあまりにも違う政治評価感覚に驚かされ、考えさせられるものがあるといえよう。

†派閥なきポピュリズム

二番目の論点として、両者ともに自己の派閥を持たなかったということがある。派閥を持たずにトップに就いたので党内に権力地盤がなく、自分自身が直接的に強い影響力を発揮しうるグループが欠けるため、他のパワーに頼ったり、内閣支持率を絶えず気にせねばならないポピュリズム的傾向を生んだりしたのである。

田中の場合、他のパワーは陸軍であった。田中は、関東軍の一部が起こした張作霖爆殺事件（満州某重大事件）で天皇に原因究明・厳格な処分を約束しておきながら、陸軍の抵抗にあい実行できず食言《しょくげん》した結果となり、それが辞職の一つの引き金になったのだった。

また、田中の場合は「オラが」という言葉を愛用したことにもその強いポピュリズム的傾向は見られるが、前述の通り一九二八年の第一回普選投票日前の二月一九日、鈴木喜三郎内相が出した「（民政党の）議会中心主義などという思想は、民主主義の潮流に棹さした英米流のものであって、わが国体とは相容れない」（大阪朝日新聞、二月二〇日付）という声明にも、ナショナルな方向に向けた傾向がうかがえよう（しかし、これは問題化したのでプラスであったかどうかはわからない）。

菅内閣の場合はパンケーキが著名だが、むしろ携帯電話料金の値下げなど直接的に国民のためになる政策の実行、という点を期していたように思われる。ただ、政治家が国民のためになる政策を実行することは当然であるから、これをポピュリズム的傾向と呼べるかどうかは難しいところではあるが。

そして最後は、マスメディアでの説明不足がいわれたようにあまりパフォーマンスは得意ではなかったのだから、元来の志向はポピュリズム的ではなかったということであろう。

にもかかわらず、強い権力基盤がないためポピュリズム的傾向を志向せざるを得ず、不運であったといえるかもしれない。

ただ、いずれにせよ、内閣が政治的危機状況を迎えたときに大きな派閥がないため、これを支え切ることができないことになったのは、両者ともにそこにアキレス腱があったといえよう。

派閥政治の弊害が指摘されるようになって久しいが、このように派閥に当たるものをもたなければ実行力のある政治は行われないのであって、少なくとも、権力の分配などを旨とする派閥ではない、共通の認識をもってともに政策を実行するチームをもつことの重要性を知らしめたのが、二つの内閣の経験が教えていることといえよう。

†非政党勢力とメディア世論の合体

最後に、これが一番重要なことであるが、内閣倒壊が野党主体ではなかったということがある。一九二九年七月二日、田中内閣は総辞職した。総辞職以前からそうであったのだが、前述の通り新聞はなおさら一斉にこの内閣の「憐れな最後」を叩いた。

「人心は疾くの昔に現内閣を去っていた……ほとんど空前に近い無責任政治を演じて、議会をして有れども無きがごとくならしめた。……元老宮中の介入発言をすら惹起するに至る、またやむを得ざる勢いといわざるを得ない」(東京朝日新聞、一九二九年六月三〇日付)。

「憲政の道義に叛逆して積悪の限りを尽し……政権私有の非望を逞《たくまし》うす、天譴《てんけん》遂にその頭上に降りて、千載《せんざい》の下不臣の醜名を残すも、所詮は身から出た錆……内閣瓦解の報伝わると共に、到る所歓呼を以てこれを迎え」(報知新聞、七月一日付夕刊)。

「二年余に亘る不人気、不評判の内閣が退却するの一事は、一般に大歓迎せらるる所」(『時事新報』七月一日付)。

すさまじい批判の嵐だが、読んでいて奇妙に感じられるのは、普選時代になっているのだから(男性だけだが)、多くの国民に選挙権はあり、これは大衆自身が選んだ結果ではないのか、という自覚が乏しいことである。

張作霖爆殺事件に関して、田中首相の弁明のための再度の上奏希望を天皇が拒絶した一九二九年六月二八日の翌日、政友会の小川平吉《へいきち》鉄相は元老西園寺公望に面会して経緯を聞いている。そのとき西園寺は、天皇をして田中内閣を倒せしめた牧野伸顕ら宮中側近を次のように批判したのだった。

「田中内閣の如く議会には金銭の力に依て多数を制し、悪政を連続して底止するなくんば、

西園寺公望

国家の前途は寒心に堪へざるなり、宜しく之を倒すべしと。焉《いずく》んぞ知らん、悪政なりと断ずるは何を以て標準とするや、何人が之を決定するや、危険なることなり」（小川平吉文書研究会編『小川平吉関係文書1』みすず書房、一九七三年、六三四頁）。

　西園寺の目には、普通平等選挙の結果、国民の多数によって選ばれた政権を国民の選挙によってではなく、野党によってでもなく、天皇・宮中とマスメディアの結合によって倒すことの危険性が自覚されていたのだった（「何を以て標準とするや、何人が之を決定するや」）。

　前述のように、田中内閣は張作霖爆殺事件だけが原因で崩壊したのではない。張作霖爆殺事件は諸要因の一つであり、またその処理に際して天皇は、後年、東京裁判対策のために自ら語ったメモ（『昭和天皇独白録』）にあるように個人的意志で田中を叱責したのではなく、宮中のアドヴァイザーに相談しつつ田中を叱責したのであり、広い意味では宮中の力により内閣は倒れたのであった。

　さらに宮中に近い貴族院（水野文相優諚問題をめぐる貴族院の首相問責決議）と新聞世論もそ

の背後にはあった。田中内閣の倒壊とは、天皇・宮中・貴族院と新聞世論との合体した力が国民の選挙で選ばれた政党内閣を倒したということなのである。

しかし、「腐敗した」内閣であっても政党内閣は野党によって倒されるのが健全な議会政治の道なのであり、これは不健全な事態である。「政党外の超越的存在・勢力とメディア世論の結合」という内閣打倒の枠組みがいったんできると、「政党外の超越的存在・勢力」が入れ替わることにより、それと「メディア世論の結合」による政党政治の崩壊が起きやすくなるからである。

実際、こうした非政党勢力とマスメディア世論の合体した力に依存した内閣打倒が行われた結果、その後は、次第に「腐敗した政党政治」そのものへの忌避と清新な中立的勢力への期待が生まれ、それが「軍部」「(革新)官僚」「近衛文麿(天皇・宮中・貴族院)」などとマスメディア世論の合体への渇仰《かつごう》となり大政翼賛会につながっていき、結局、政党政治は破壊されることになったのである(この点は第3章ですでに述べた)。

†議会制民主主義の危機

さて、このように田中内閣の場合は、それを倒したのは天皇・宮中・貴族院と新聞世論との合体した力であったが、それでは菅内閣はどうであったか。それは、与党当選回数少数議員（選挙に弱いポピュリズム傾向議員）とマスメディア世論の合体した力という奇妙なものであった。

直近に迫った総選挙の敗北と野党転落の危機に脅えた与党当選回数少数議員の目に見えぬ力が巨大なものとなり「看板を変えてくれなければ選挙に勝てない」と迫ったことが、二階俊博幹事長交代の方針・菅首相の辞意表明につながったことは周知のことであろう。

そこで、野党の影が薄いことは変わりなく、菅内閣の支持率が三〇％を割る事態になっても、野党第一党・立憲民主党の支持率が五～六％程度で変わりなかったことも周知のことであろう。

このマスメディア世論とともに菅内閣を倒した与党当選回数少数議員の背後にあるものは何か。それはとらえどころのない世論＝「風」「空気」というしかない。それは、どこまでいっても誰も実態を見通せない不定形なものなのである。

あえていえば、それは「内閣支持率」というかたちで表されるものだが、「内閣支持率」というものはパンケーキで上がったり、感染者の患者が増えると下がったりする（明確な原因は確定されていないままである）得体の知れないものである。ポピュリズム的傾向は戦前以上に深まっているといわねばならないであろう。

そうしてみると、ポピュリズム的傾向が一層進んでおり、日本の議会制民主主義の危機が一層深まっていることを教えてくれたのが今回の内閣退陣であった。

世界的に権威主義体制の増強がいわれるなか、健全な議会制民主主義を実現し、発展させるべき日本国民の使命はますます重くなったといわねばならないであろう。

第6章　大正期政治における大衆化の進展

†日比谷焼打ち事件と大衆の登場

大正時代というのは一言で言えば、大衆の登場が始まった時代である。そしてその大衆が現れたのは、明治末期の日比谷焼打ち事件においてであった。

日比谷焼打ち事件とは一九〇五（明治三八）年九月五日、日露戦争の講和条約に反対する国民大会が暴動化したものである。吉野作造は言う。「民衆が政治上に於て一つの勢力として動くという傾向の流行するに至った初めは矢張り三十八年九月からと見なければならぬ」（吉野作造「民衆的示威運動を論ず」『中央公論』一九一四年四月号）。

警視庁はあらかじめ講和反対国民大会の禁止を決定し、会場の日比谷公園を封鎖してい

日露戦争の講和反対国民大会に集まった人々。この後、暴徒化し日比谷焼打ち事件となる（1905年9月5日）

たが、大量の参加者が警官隊を突破。その後、二重橋・京橋新富座・内相官邸等で群衆と警官隊が激しく衝突し、政府寄りの国民新聞社も攻撃した。さらに夜には、市内各所の警察署、派出所・交番を焼打ち。七日まで騒動は続き、キリスト教会や路面電車も焼打ちされた。

　結局、軍隊が出動し、六日深夜に東京市と周辺の府下五郡に戒厳令を施行。その後、神戸・横浜など全国で騒擾《そうじょう》が続き、死者一七人、負傷者数千人、検束者約二〇〇〇人、起訴者三〇八人、兇徒聚衆罪《きょうとしゅうしゅうざい》（現在の騒擾罪）一〇一人という事態となった。

　マスメディアでは日本軍の圧倒的勝利ばかりが伝えられ、国民は限界に来た国力を知らされていなかったため民間から出される過大な賠償等の要求が当然のように受け取られ、多くの戦死者（当時一〇万人と言われた）・重税等の桎梏下、それを獲得できなかった小《こ》村寿《むらじゅ》太郎《たろう》全権らに対して怒りが爆発したのである。

この事件をめぐるマスメディアと大衆の関係について「調査しえた各種の地方新聞によるかぎり、まず注目すべきは運動の組織には必ずといってよいほど、地方新聞社、ないしはその記者が関係していることである。新聞は政府反対の論陣を張り、あるいは各地の運動の状況を報ずることで運動の気勢を高めただけではなく、運動そのものの組織にあたったのである」（松尾尊兊《たかよし》）ということが指摘されている。

すなわち、こうした運動の形成にあたっては、新聞社もしくは新聞記者グループが中軸になり、そこに政党人・実業団体員・弁護士が加わって中核体が構成されていたのである。後の護憲運動・普選運動も同様の形成方式になっており、その起源はこの日比谷焼打ち事件に象徴されるポーツマス講和条約反対運動にあったのだ。

また、日露戦争中に『万朝報《よろずちょうほう》』（一九〇四年一一月一九日付）は「民権拡張の好機」という論説を掲載、「時局は挙国一致の義務を要求すると同時に、又民権拡張の権利を与えつつあり、即ち義務のある所、又必ず権利あり」と戦争にともなう民権拡張＝普選論を主張していた。戦争以前には選挙権拡張に反対していた政治家島田三郎は「国家の安危を分担する者は国政に参与する権利あるべし」、したがって戦後は大いに「選挙権拡張を主張せん」と説を改めている（毎日新聞、一九〇五年三月二四日付）。

講和条約に反対した陸羯南《くがかつなん》の『日本』が行った「兵役を負担する国民、豈《あに》戦争を議するの権なしと謂わんや」（一九〇五年七月四日）という、負担と戦争について議論する権利をイコールで結ぶ論理は普選運動に直結するものであった。

こうして組織の形成と思想の両面で新聞によって支えられた講和条約反対運動は、日比谷焼打ち事件のような暴力的大衆を登場させ、また後の護憲運動・普選運動を準備したのである。両者は最初から表裏一体の形でぴったりと結びついており、切り離すのは難しいものなのであった（詳しくは拙著『戦前日本のポピュリズム』中公新書、二〇一八年参照）。

その後、第一次護憲運動・大隈ブーム・対中国強硬政策要求運動・米騒動・普選運動・排日移民法抗議運動・第二次護憲運動・護憲三派内閣等を経て普選法成立・二大政党政治・一九二八年普選実施と事態は進んでいくが、その背後にあってそれらの事態の駆動力となっていたのは日比谷焼打ち事件で登場した大衆（とマスメディア）なのであった。そしてそれは、見られるように対外強硬運動と平等主義運動という二つの流れを含む両義性を帯びたものなのであった。大正時代を理解する基軸はここにある。

†大隈ブーム

さて、この大衆の登場について読者にさらに理解してもらうために、ここでは、大正期の内閣の盛衰に関わる事例を二つ採り上げておくことにしたい。いずれも、それまでになかったメディアを駆使した大衆政治の先駆けとなるものであった。一つはヴォイスメディア（レコード等音声）を駆使した大隈ブームであり、今一つは写真というビジュアルメディアを駆使した朴烈怪写真事件である。

まず、大正初期の大隈ブームである。大正初期に一時は政界を引退した形であった大隈重信の内閣が誕生した背景には大隈に対する国民的な人気が前提としてあった。では、なぜ大隈には人気があったのか。

大隈は政界引退期に「文明運動」というものを始めたのであった。大隈は、「東西文明の調和」という理念を掲げ、『開国五十年史』の編纂者、日印協会会長、『日本百科大辞典』編纂総裁などを務め、自らが創設した早稲田大学の総長に就任。以後さらに、大日本文明協会、南極探検後援会、日本自動車倶楽部、帝国飛行協会、日蘭協会など多くの協会等のトップに就任した。

大隈重信

さらに、『国民読本』『国民教育青年講習録』『実業講習録』などの教育・出版活動、早稲田大学の全国巡回講演、経営する雑誌『新日本』『報知新聞』等、早稲田大学出身者の多い各新聞・雑誌メディアに多く出るなど、活発な言論活動を展開していたのである。

他方、大隈は、人間は本来一二五歳まで生きられるという「人生一二五歳説」を提唱、未来志向の明るい精神を持つことを推奨。この年齢論で国民的な人気を得ていた。首相に推挙された際は七七歳の高齢だったが、一二五歳説のため「老害」などと言われなかったのである。

また、メディア操作も巧みで、首相官邸内に記者クラブ（永田倶楽部）用の部屋を作り、そこに書籍購入費一〇〇円を寄付して図書館を設置するなどしている。

こうして衆議院が解散され選挙戦が始まると、それは「イメージ選挙」の嚆矢となる画期的なものとなったのであった。

一九一五年一月、大隈伯後援会主催の大講演会が開かれ、首相以下現職閣僚がそれぞれ政見演説を行い大々的に報道され、さらにその後、各大臣は全国各地を遊説して回る。閣僚がこうした講演・遊説活動を大規模に行うのは前例のないことであった。

大隈伯後援会は内閣成立後ほどない時期に、早稲田大学関係者によって創立され、早大出身の代議士やジャーナリスト、さらに早大に縁の深い実業家などの協力を得て、この選挙の直前までに全国一道三府四三県に合計一一八ヵ所、また海外にも北米一三ヵ所の支部を設置していた。選挙戦が始まると同会は多数の候補を推薦候補として擁立し、各支部でそれぞれ選挙の応援活動を行うとともに、中央では早稲田大学雄弁会六〇名が中心となって大隈伯後援会遊説部を組織、また都下各大学の出身者よりなる丁未《ていび》倶楽部もまた政友会打破を決議し、両者提携して全国に大挙遊説活動が行われた。

さらに選挙運動の目玉は大隈首相本人であった。大隈は列車に乗り込み、列車が駅に停車するごとにホームに集う群衆に向け列車から身を乗り出して演説する「車窓演説」を行った。また大隈は「憲政に於ける輿論の勢力」と題する演説レコードを吹き込み、新聞各紙に大々的な広告を掲載して売り込んだ。

こうした選挙手法の結果、夥しい数の演説が行われ、たとえば愛知県では前回の総選挙の五倍に当たる五〇〇〇回の演説が行われた。

ところが、これらの遊説においては、議会解散の原因であり、本来是非が争われるはずの二個師団増設の問題について、ほとんど争点としてクローズアップされなかった。その言論の中身についてはほとんど注目されず、争点がはっきりしないまま内閣側が清新なイメージを獲得したという意味では、それは「イメージ選挙」の極致であり先駆けなのであった。

三月二五日の選挙戦の結果は、与党が前回に比べ八〇議席以上伸ばし合計二〇〇議席を超えたのに対し、政友会は逆に八〇議席以上減の一〇八議席となり、それまで長らく維持してきた議会第一党の座を下りることになった。誰も予想していなかった、政党の組織力ではなく、大隈の個人的人気による与党の大勝利であった（以上については真辺《まなべ》将之《まさゆき》「大隈内閣成立と大隈ブーム」『大正史講義』ちくま新書、二〇二一年、『大隈重信』中公叢書、二〇一七年参照）。内容ではなくイメージで選挙が行われる時代が、こうして日本には大正初期に訪れたのである。

†朴烈怪写真事件

次が第3章でも少し触れた朴烈怪写真事件である。一九二六年七月二九日、東京市内各所に「大逆犯人」朴烈・金子文子《ふみこ》二人が予審調室で抱き合った写真付きの怪文書が配布された。これを翌三〇日、報知新聞朝刊が報道した。各紙も後追い報道し、金子文子の自殺と同時報道となったのでインパクトは大きかった。「鉄棒に麻糸をかけて　朝の光の下で縊死」、「怪文書犯人　大捜索を開始す」（東京朝日新聞、七月三一日付夕刊）。

怪文書の冒頭部は次のようなものである。

「単なる一片の写真である。

此の一写真に万人唖然として驚き呆るゝ現代司法権の腐敗堕落と、皇室に対する無視無関心なる現代政府者流の心事を見ることが出来る。

此れは大逆犯人朴烈と文子の獄中写真である。此の足袋と此の草履とは監獄だけに存する刑務所の支給品である。日本の東京の真中で、監獄の中で、人も有ろうに皇室に対する大逆罪の重大犯人が、雌雄相抱いて一種の欲感を味いつゝ斯んな写真を写せる世の中になったのだ。」

怪文書は、当局の二人への優遇を批判し、司法大臣江木翼《えぎたすく》を攻撃していた。

八月二七日、朴烈怪写真事件の首謀者として北一輝《きたいっき》が検挙された。証拠不十分で無罪となっているが、獄中から持ち出されてきた写真を見た北は、これが即座に若槻内閣倒閣運動に利用できると思いつき、怪文書作成を政友会筆頭幹事長森恪《つとむ》に相談したといわれてい

問題となった朴烈と金子文子の写真

る。
　九月一日、司法省が怪写真事件についての真相声明を発表した。それによると、一九二五年五月二日、東京地裁予審第五調室において、立松懐清《かねきよ》判事が朴に大逆罪に該当を告げ朴がそれを認めたので「回想の資として」写真を撮影することにしたところ、脇にいた金子が「突如……併座」したもので、その写真を後日朴が判事から「巧に入手」、それを某が保釈の際持ち出した、というのが事実経緯である、という。
　この釈然としないものの残る発表に対し、「政府が特に減刑の恩典を奏請したる事は……天下の等しく疑問とするところ（政友会緊急幹部会）」（東京朝日新聞、九月二日付）という形で批判がさらに巻き起こった。

さて、この事件がさらに大きな政治性を帯びることになったのは九月一九日からであった。この日、政友本党は幹部会を開き政府問責を決議し、床次竹二《とこなみたけじ》郎《ろう》総裁は「恩赦大権の発動に関する輔ひつの責任について論議するに至らば世論は益々激甚を加え国史上未曾有の憂うべき事態を引起す」という声明を発表したのである（東京朝日新聞、九月二〇日付。大逆犯を減刑したことやその手続きをめぐって以前から政府批判があった）。

政友会もこの日議員総会を開き「皇道政治の絶対精神は、固よりきつ然として人情政略の権道を超越す」という宣言を可決した（東京朝日新聞、九月二〇日付）。二大野党による攻勢で事件は政治的方向に大きく動いたのである。

続いて九月二〇日には、朴烈怪写真事件に関し政府問責のための野党連合大会が青山で開催された。

これに対し、九月二八日、政府は一〇知事の休職を含む地方官大異動を行い断固たる態度を示すという報道がなされた（東京日日新聞）。そして、九月三〇日には若槻首相が憲政会両院議員・評議員連合会で衆議院解散を示唆して野党に決意を示したが、床次も政友本党懇親会で解散示唆の演説をしており、野党は強気であった（東京日日新聞、一〇月一日付）。一〇月二四日、若槻は演説し「立憲政治は政策の争いだ　朴烈問題など介意の要なし」

と「正論」を吐いたが、それが虚ろに響くのは、大逆事件の犯人への「優遇」は「不敬」だとするヴィジュアルメディアを使った激しい攻撃により、事態は「政策の争い」だけではすまない状況に立ち至っていることを多くの人が感じていたということであろう。すなわち、近づいている第一回の普通選挙では、こうした政治シンボルをめぐる大衆動員の力量のほうが決定的に重要であり、若槻にはその認識が十分でないように感じられるということなのである。

新聞にはこの事件が倒閣につながることを明言する政府批判が出だした。「朴烈問題にしてからがあんな不始末をやったのはたれが見ても政府の大失態たるだけは間違いない……若槻も……結局は総辞職さ……既成政党の腐敗堕落も久しい」(大石正巳《まさみ》、東京朝日新聞、一一月五日付)。

一九二七年一月一六日、政友会・政友本党両党は党大会を開き、政府に正面から対抗する決意を表明。憲政会も不信任案には解散で対抗することを明示、党内に「戦意満つ」と報道された。

一月一八日、衆議院本会議では野党が、朴烈問題等を激しく追及した。

その後、一旦は選挙回避のため三党首会談による密約が交わされるなどのこともあったが、議会は荒れに荒れ、粕谷義三《かすやぎぞう》議長・小泉又次郎副議長は辞表を提出した（三月二五日辞職）。こうした状況の中の三月一四日、片岡直温《なおはる》蔵相の衆議院での東京渡辺銀行の破綻失言から金融恐慌が発生し第五二議会は閉会となり結局、若槻内閣は金融恐慌のため倒れる。

しかし、内閣崩壊の実相は、朴烈怪写真事件で追い詰められていたところに金融恐慌が発生して最後のＫＯパンチをくらったというにある。すなわち、問題は、若槻首相が普通選挙を控え、政策的マターよりも大衆シンボル的マターの重要性が高まっていたことを十分理解していなかったことのほうにあった。「劇場型政治」への無理解が問題なのであった。

朴烈問題で「天皇」の政治シンボルとしての絶大な有効性を悟った政党人は、以後これを度々駆使した「劇場型政治」を意図的に展開することになる。これを我々は次の田中義一内閣に、さらに統帥権干犯問題・天皇機関説問題等に見ることになる。

この問題をここまで拡大させた根源は、一枚の写真の視覚効果（ヴィジュアルな要素）が政権の打倒にまで結びつき得ることを洞察した北一輝であったが、彼ら超国家主義者こそむしろ、大衆デモクラシー状況に対する明敏な洞察からネイティヴな大衆の広範な感情・意識を拾い上げ、それを政治的に動員することに以後成功していくのである。大正から昭和前期の政治を「劇場型政治」の視点から見ていくことの必要性が痛感される所以である。

以上、大正の初期と掉尾《ちょうび》を飾る二つの出来事が大衆の時代としての大正時代というものを象徴していることが理解されよう。イメージ選挙と「劇場型政治」はさらに昭和という時代に発展・拡大していき、今日にまで続いている。ヴォイス（音声）メディアはレコードからラジオへ、ヴィジュアルメディアは写真から両メディアの複合物としての映画・テレビ・YouTube 等に発展してきた。それらが現代政治に与えつつある深刻な影響を思うとき、その起点としての大正期をもう一度考察し直すことの重要性に思い至らせられるであろう。

第7章　関東大震災と「ポピュリズム型政治家」後藤新平

関東大震災後の政治と言えば後藤新平のことがすぐに出てくる。帝都復興院などの名前とともにである。しかも、非常に成功した模範として語られることが多い。東北出身の後藤が、明治から大正にかけてのあの薩長藩閥の強い時代に何度も大臣を経験していることからして、有能な政治家であったことは間違いない。

したがって、多くの賞賛に囲まれていることは当然だが、この関東大震災後の政治においては、後藤は最大の失敗を犯しており、このため以後は政界の中心部で活躍することはなくなったというのが正確な史実なのである。神話を排して事実を伝えることが歴史を書くものの使命である。以下、その正確な史実の過程を立体的に見ていくことにしたい。

†第二次山本権兵衛内閣の成立

加藤友三郎内閣後の山本権兵衛内閣の組閣の最中、一九二三（大正一二）年九月一日関東大震災が起きた。山本はシーメンス事件でその内閣が潰れた後、ほぼ一〇年ぶりの登場であり「世間も事の意外に驚いた」組閣であった。山本への大命降下は、西園寺公望がイニシアティブを取ったことだが、元老の西園寺と松方正義（薩摩出身）のしたことなので、それは当然のように薩派の動きによるものと見られた。

後藤新平

実際、組閣は山本の元老化を目指す山之内一次《かずじ》ら薩派の側近を中心にして進められ、そのことが政党人の反発を招いていたのだった。山本は、政友会総裁高橋是清と憲政会総裁加藤高明に入閣を要請し拒絶されている。革新倶楽部党首犬養毅のみが入閣したのである。山本はシーメンス事件のときの、政友会の冷淡な態度を忘れていなかったらしく、議会の多数派であった政友会が期待したような入閣交渉はしなかった。また、第一次山本内閣で入閣を勧められた経緯があると見られていた憲政会総裁加藤が、身代わりを出すといってもそのままにしたと言われている。シーメンス事件で山本を激しく攻撃した同志会が憲政会となったのであるから当然のこととも言えようが。

書記官長となる薩派の樺山資英《すけひで》から組閣情報を入手していた革新倶楽部の古島《こじま》一雄は、犬養の入閣交渉を頼まれ、名古屋にいた犬養に帰京するよう電報を打ち、深夜沼津で会い山本の意向を伝えると、犬養は「普選で勝負しよう」と一言だけ言った。翌日、犬養が山本に会うと、山本は「普選のことはよく知らないから宜しく頼む」と言い組閣について犬養に相談もしたという。

山本権兵衛

その頃、後藤新平はしきりに古島のもとに人をよこして内相としての入閣を望んだ。そこで、普選のためには犬養が内相となったほうがいいのだが、それほど望むならということで、古島は犬養に逓信相を勧め、組閣本部にいた山之内に会い、犬養・後藤らで翌日組閣の相談をすることとしたが、そうした相談中に突如、関東大震災が起きたのだった。

後藤は山本内閣の主導権を握ろうとし組閣にさら

に介入しようとしていた。急がれた組閣に協力し、連絡がむずかしいため困難もあったが、九月二日に組閣はなり内閣は成立する。赤坂離宮御庭園前の四阿《あずまや》に裕仁摂政宮が野立ちし、余震でゆらぐ蠟燭の中、親任式が行われた。

したがってそれは、薩摩出身の山本を中心にした伊集院彦吉・財部彪《たからべたけし》・山之内一次・樺山資英ら薩派という出身地域閥を基底としそこに寺内内閣の外交調査会以来、提携関係にあった後藤と犬養の二人が大きく加わった形で成立した内閣であった。閣僚は補充含め以下のようなものであった。

首相　山本権兵衛
外相　伊集院彦吉　薩摩、元外交官
内相　後藤新平　貴族院、元内務官僚、逓相・外相・内相歴任
蔵相　井上準之助　元日銀総裁
陸相　田中義一
海相　財部彪《たからべたけし》　薩
法相　平沼騏一郎　元大審院長

文相　岡野敬次郎　貴、元東大法教授・商法
農商相　田健治郎《でんけんじろう》　貴、元逓相・台湾総督
逓相　犬養毅　衆議院
鉄相　山之内一次　薩、貴、元内務・鉄道官僚
書記官長　樺山資英　薩
法制局長官　松本烝治　元東大法教授・商法、満鉄副総裁

†山本内閣と新聞世論、政党の動き

この内閣に対し、『東京朝日新聞』は多数党たる政友会が腐敗し第二党にも期待できないので既成政党打破と既成政党外の真に国民の意思を代表する新勢力の台頭を期待するとし、『東京日日新聞』も、既成政党は国民から厄介者扱いされており超然内閣による政界の廓清《かくせい》を期待するとした（東京朝日新聞、八月二八、二九日、九月一日付。東京日日新聞、八月二七、二九日、九月一日付）。

超然内閣ではあったが山本内閣は新聞世論から期待されたことがわかる。季武嘉也《すえたけよしや》氏は、「大正後期になると、政友会・憲政会はジャーナリズムの間で既成政党と呼ばれるように

犬養毅

なった」としているが、日本共産党の結成は一九二二年であり、マルクス主義・社会主義が台頭し知識人に影響を与え出すと、保守的な政党をブルジョア政党と規定し、既成政党と名づけることによって、「真に国民の意志を代表する新勢力」＝社会主義勢力の台頭が期待されだしたのである（季武嘉也・武田知己編『日本政党史』吉川弘文館、二〇一一年）。それは、後述の後藤新平の無党派勢力結集論にも影響を与えていたものと見られる。

　山本権兵衛内閣に対し、議会の多数派であった政友会の非総裁派（元田肇《もとだはじめ》・中橋徳五郎ら）は多数党の政友会に政権が来なかったことを総裁の高橋是清の責任とし、総裁交代・党改革を主張、高橋是清擁護の総裁派（横田千《せんの》之助《すけ》ら）と対立した。

　これに対し、憲政会は、前述の山本と加藤高明総裁との関係のことなどもあり「好意的中立」の態度を取った。そして非政党内閣に対して掲げていた「憲政常道」論を棚上げすることにした。これは、元老の普選への不安感の除去のため加藤総裁がしたことと見られている。大震災は、特定の政策を引込めるための口実に使われることもあることがわかる。

少数党の革新倶楽部についてはすでに著したところである。犬養毅が「普選一本槍」で入閣したと語ったように、革新倶楽部は入閣を機会に普通選挙制を実現させようとしたのである。それだけに、(後述のように)普通選挙制実現の見通しがたたなくなると、あっさりと総辞職に賛成することになる。その点で犬養のほうが、後藤よりも政治的態度は明確であった。ただ、政党人の犬養と非政党人の後藤という違いもあるかもしれない。

†後藤・犬養と新党運動

①普選実施へ向けて

この内閣の一つの柱であった後藤新平は犬養毅とともに普選実施体制を構築しようとして普選断行を含む施政要綱を山本権兵衛首相に提示した。そして新聞が、既存政党を批判し新勢力の台頭を言いつのっている中、「無党派聯盟」の重要性を強調した。山本内閣を「無党派聯盟的なる有機的組織」にしようというのである。無党派聯盟という新しいものを作るには普通選挙の実施は必須のことであった。

犬養が閣僚を説得したが、田中義一陸相は在郷軍人会の選挙権獲得運動問題の解決のために平沼騏一郎司法相は「一君万民」「皇室中心」で治安立法も実施ということで了解し

関東大震災後の焼け野原（神田明神付近）

た。

一〇月一五日の閣議においての普選についての閣僚への意見聴取で「概《おおむね》賛成」ということになり、後藤・岡野・田・犬養・平沼に政綱政策とくに普選についての講究が委嘱され、翌一〇月一六日に五大臣会議で「納税資格全廃」等五つの普選原則が決められた。さらに一八日、首相の諮問機関たる法制審議会が開かれ、後藤内相が首相の審議促進の要請を伝達し（これは、一二月五日の最終答申書提出となる）、一〇月二三日、内務省が法案起草開始。一一月一二日地方長官会議の訓示で三大政綱（綱紀粛正・普選即時断行・行財政整理）を発表、普選案は来議会に提出とされた。わずか三～四カ月での普選実施体制の構築へ向けての急激な展開であった。

②新党計画

九月五日、後に第一次加藤高明内閣法制局長官、第二次加藤内閣・第一次若槻礼次郎内閣書記官長となる塚本清治《せいじ》を内務次官に、第一次加藤内閣内務次官となる湯浅倉平《くらへい》を警視総監に任命することが発表された。後藤内相の行った明確な反政友会系にして憲政会系の内務省人事である。震災後四日目であった。

九月二七日、後藤が総裁となる帝都復興院官制が公布施行されるが、この復興院の作った復興計画を審議するのが、一九日に公布された帝都復興審議会官制により作られた復興審議会であった。

委員は一九名で、閣僚一〇名のほかは高橋是清政友会総裁、加藤高明憲政会総裁、伊東巳代治《みよじ》枢密顧問官（山県系官僚）、市来乙彦《いちきおとひこ》日銀総裁（前蔵相、薩、貴）、渋沢栄一、和田豊治《とよじ》（富士紡社長、貴）、青木信光《のぶみつ》貴族院研究会幹部、江木千之《かずゆき》貴族院茶話会幹部（文部・内務官僚、憲政会幹部江木翼の養父）、大石正巳であった。万一多数決のときは、閣外者が九名で閣僚一〇名より一名少なく、内閣の意思が通るように構成されたと見られている。

大石は、自由民権運動以来の古い政党人であり、政界を引退していると一般には見られていたため、新聞は次のように書きたてた。「衆議院を無視——大石正巳氏の如き今や政治界を退き野狐禅《やこぜん》に隠れて無責任に政治を放棄していた老人である、彼は何を以て民間政治家を代表するの権利を有するか。」「之によって他の政治的目的を達せんとした跡歴然、此の如き機関によって此の大事業を達成すること思ひもよらず」（東京朝日新聞、九月二一、二五日付）。

枢密顧問官三浦梧楼《ごろう》は、田健治郎系の政界情報収集家松本剛吉《ごうきち》に「此の震災を利用して審議会抔《など》を拵へ、大石抔を入れ、新政党の下拵へを為すとは先が見え過ぎて可笑しくてならぬ」と言っている。犬養の盟友古島一雄は、犬養が「老友（大石）の埋れるのを惜しんで推薦したのである」としているが、新党樹立の工作に使うため箔付けしたと見られるしかない人事であった。

山本内閣工作というものは山本の元老化工作の一環として古くからあるが（小宮一夫「山本権兵衛（準）元老擁立運動と薩派」『年報・近代日本研究20　宮中・皇室と政治』山川出版社、一九九八年）、直接的には前年頃から始まっており、後藤・犬養に、大石も加わっていた。犬養は前年暮れに「大石も権兵衛が瘉々《いよいよ》出るといふことであれば、何時でも飛び出して来て助けると云ふて待って居る」と語っており、この年八月一五日に大石は「先ず憲政会と革新倶楽部との合同を計らなければならぬ。たとひ権兵衛内閣が出来たにしても、これがバックになるべき政党がなければ、折角成立はしても直ぐ投げ出さなければならぬやうな事では困る。どうしても憲革合同のバックを作って援助させなけァ駄目だ」と語っていた。彼らは、山本内閣を作り、それを「憲政会と革新倶楽部との合同」勢力で支えようと企図していたのである。

さらに、一〇月二五日、地方長官大異動人事が発表されたが、政友会系知事一三名を休職処分とした。内務次官・警視総監人事に次ぐ露骨な反政友会人事であるが、意図がストレートにわかりやすすぎるやり方なのは、後藤が本来あまり寝業師的な性格ではないということなのか、地震の後ということで自身も慌てていたということなのかは定かではない。いずれにせよ後藤は人事による熱心な反政友会工作を続けたのである。

一〇月中旬頃からは大石斡旋・中心の新党計画の報道が始まり、一一月一〇日には憲政会議員三二名（前職含む）が「非政友合同」を議論。一一月二二日には庚申倶楽部の普選派三名が、憲政会・革新倶楽部の両党を訪問し、普選三派を基礎に「広く天下の同志を糾合し新政党の樹立を為し、以て更始一新の実を挙げんと欲します」として協力を要請した（東京朝日、一一月一一、一七、二三日付）。

憲政会では、下岡忠治・仙石貢・箕浦勝人《みのうらかつんど》・加藤政之助《まさのすけ》・望月小太郎らが加藤総裁の政治指導への不満と普選実施の主体となることによる党勢輓回を期し「元老方面の気受けがいい」と考えられた後藤と加藤とを「握手させれば、場合によっては政権にありつける」と考えた。若槻によれば「どうかすると、加藤を押しのけようという空気さえあった」という。こうして加藤・後藤二人総裁論ないし後藤総裁論が台頭、総務委員合議制論なども検討された。この、元老と後藤との関係についての情報はまったくの虚構であり、元老の西園寺公望は後藤をまったく評価していなかったのであるが。

しかし、実は少し前頃から「此節の様に後藤万能では」（三浦観樹《かんじゅ》〔梧楼〕の言）と言われるほど後藤の勢力は伸びきっており、また危うかった。充分な補給の準備もなく戦線を拡大しきり勢力が一見最大限に見えるときが、その後に来る急速な没落の前兆点なのである。「風呂敷を拡げ其括《くく》りの出来ぬのは後藤の病気である、其病人の頭を能《よ》う押へぬやうな総理では迚も駄目である」（三浦観樹、一〇月八日）、「実は山本首相も後藤には困り居るものと見え」（松本剛吉、一〇月一〇日）、「内閣も後藤の為めに先が見えた（中略）後藤は駄目である」（三浦観樹、一〇月二三日）等、後藤の「説得不足」と「独走」は急速に人望を失わせていたのであった。

†新党計画の挫折

①憲政会の動き

加藤高明憲政会総裁は一一月下旬以降連続幹部会を開催し、憲政会・革新倶楽部らの合同への慎重姿勢を確認し、一二月二日、四日に自邸で開かれた総務会と異例の多数幹部会で、引退と政治資金拠出を断る可能性を示唆した。憲政会の政治資金は加藤の女婿岩崎弥太郎・三菱財閥にほとんど依存していたと見られている。

一二月五日憲政会は合同打ち切りを正式に決定し、加藤の意を受けた安達謙蔵《あだちけんぞう》と政友会幹部岡崎邦輔《くにすけ》が政友会・憲政会の第一回の提携交渉を開始した。加藤・安達と岡崎の会談は継続され、一九二四年一月清浦奎吾《きようらけいご》内閣が成立すると加藤は率先護憲運動の狼煙を上げ、革新倶楽部とともに護憲三派を形成し護憲三派内閣成立を領導する。第二次護憲運動である。これも後藤が急速に戦線を伸びきらせたからであるが、わずか数カ月の間にこれだけ伸ばせたのも「大震災後」という特別の時空間の中だったからであった。

②後藤の失墜

一一月二四〜二七日に開かれた帝都復興審議会総会で後藤新平の復興計画は伊東巳代治・大石正巳・田中義一らから攻撃された。田中内閣を目指す横田千之助と政界策士西原亀三が大石・田中・貴族院研究会間を策動していたのである。

伊東は寺内内閣の外交調査会委員以来後藤・犬養とは「三角同盟」と言われた関係だったのだが、後藤との関係が悪化していたのである。伊東とこの田中内閣プランとの関係がどの程度のものであったのかははっきりしないところもあるが、伊東が自分の「土地を高く売りつけようとする」ので、後藤が「そんなことをいっては困る、われわれに委せてくれといって巳代治のいうことを聴かぬ。後藤は安田善次郎に金を出させる肚があるから巳代治のいうことには耳をかさない。そこで巳代治が腹を立てたんだ」というのが、犬養・古島サイドの理解である。

大石は新党計画のために後藤らが帝都復興審議会メンバーにしたのだが、後藤に反旗を翻したのである。大石には田中内閣のほうが魅力があったのであろう。また、根本的な原因としては、後藤が復興院のほうに復興計画のほとんどを委ね、帝都復興審議会を無視したことが大きい。一二月一七日に大石は首相を訪れ、伊東・高橋・青木・江木・自分の辞意を伝えているが、このことは「最近審議会委員の中から無視するなら廃止せよという提案があった」(大阪朝日新聞、一二月一九日付)と報道されている。自ら作った機関だが丹念にメンバーの意向を聞き説得しようとせず放置したので、足かせとなったのである。

復興院の副総裁人事に対して、後藤はポストが二人のところ四人に交渉をしていた。これは正伝『後藤新平』ですら「人事上の不謹慎」とし、復興計画に支障をきたしたことを認めているが、こういう計画性のないやり方だったため、土地区画整理をめぐって、反対派の宮尾舜治《しゅんじ》副総裁・池田宏計画局長と推進派の松木幹一郎《かんいちろう》副総裁・佐野利器《としかた》建築局長の対立が始まると、その対立は深刻化した。そして、結局最後は土地区画整理は折衷案で実施されることになる。後に永田秀次郎《ひでじろう》ら後藤系官僚の一派は民政党に接近、宮尾舜治副総裁は政友会に近づくなどして後藤系官僚は分裂するが、その原因の一つはこの復興院での路線対立にあるという説が有力である。また後年、復興局で一連の不祥事が起きた原因の一つがここにあることは間違いなかろう(拙著『帝都復興の時代——関東大震災以後』中公文庫、二〇一七年)。

さて、議会が近づくと普選尚早(制限)論であった薩派の樺山資英書記官長は、議会多数派で普選尚早論の政友会への接近を策する。一一月一八、二一日両日の閣議では実施論と尚早論とが対立し、山本権兵衛首相も尚早論へ傾き始めた。

一二月四日に犬養が古島一雄宛に書いた書簡には「昨夜後藤子と打合候処同子は頗る曖昧に化し、戸主制（戸主のみに選挙権を与える制度）外なかるべしとか或は総理の考次第とか申迄に変化致シ居候」とある。

一二月六日に首相は政友会の岡崎邦輔らを招請、岡崎は政友会の持論の普選尚早論を説き首相に「一体あなたは普選に賛成したのかどうか」と聞いたところ、山本首相は「犬養後藤両君は頻りに普選即行を提唱しているが、之れは只両君だけの意嚮《いこう》であって政府の決定した意見ではない」と述べたと報道された。これは一一月一二日の地方長官会議訓示の否定となる。そこで古島は山本に会い「あなたは新聞にこういうことを書かせたが、怪しからんじゃないか」と言ったら、山本は「意思表示じゃない」と言う。そこで、古島は新聞でこの発言を否定した。山本は行き当たりばったり的状態になってきたのである。

一二月一二日の閣議で、薩派は大正一七年頃施行等の普選尚早（制限）論を展開、犬養毅・平沼騏一郎の無条件翌年五月総選挙実施論と対立し、「内閣成立以来最も緊張した場面」を現出したと報道された（東京朝日新聞、一二月七日、一三日付）。古島によると、伊集院彦吉外相が「普選なんか急がないでもいいじゃないか」と言ったので、「その時は犬養もひどく怒って、『貴様なんかの知ったことではない、余計なことをいうな』とひどくこきおろした」という。

†後藤攻撃と後藤の挫折

一二月一九日の「弾劾の標的は後藤子」という『大阪朝日新聞』記事によると、政友会は「後藤内相不信任の弾劾案を提出せんとて目下秘密裡に画策中」であり、後藤内相に誠意がないことは復興審議会の意見を無視していることからもわかる、とされた（大阪朝日新聞、一二月一九日付）。

一二月九日、財部彪海相の下で、危機打開のため後藤を逓相にし岡野を内相とするなどの内閣改造プランが練られたが、この相談に乗った松本剛吉は「予は現内閣の命数幾何もなきことを確めたり」と著した。

一二月一八日、政友会は後藤内相の作った復興院予算の大幅削減と復興院そのものの廃止を決定した。こうして一二月一九日の閣議は解散総選挙か政友会への屈服かを迫られる閣議となった。後藤らの攻勢で、加藤が追い詰められてから、二週間ほどしかたっていないという、事態の急激な展開であった。

この日の朝、『大阪朝日新聞』は次のような記事を掲載している。「妥協政治の仮面を去れ」「降って湧いた震災をタネに挙国一致の看板をかけて政略的に立ち上げた仮面・復興審議会は今やむしろ山本内閣の威信を傷つけるものになった」「審議会に先立ち重要案件を決めるなどして審議会を猫扱いしていたが虎の如く咆哮した」「不純な動機」を持っていたのが間違いで「有害な機関であるとは始めから知れてある」「審議会の廃止を断行せよ」。国民は復興と普選をこの内閣に託したが、復興計画においては「国民の信頼に反き」「普選即行もごまかすのでは」「何処に山本内閣の存在の理由があるか」(大阪朝日新聞、一二月一九日付)。

閣議では、犬養が解散を主張し、平沼がこれに同調、田中・財部が解散ないし総辞職論を主張したのに対し、後藤は屈服を選択した。「意外亦甚」(田日記)であった。「解散を主張した(中略)各大臣も肝腎の後藤内相の鮮かな軟化振りに力瘤の入れ処を失って呆気に取られ肝腎の後藤内相が我慢すると云ふものを、それでもとは云ひ兼て茲《ここ》に閣議は解散を避くる事に決定した」(東京朝日新聞、一二月二〇日付)。後藤の日記には「早朝八時閣議屈従決定　午後二時衆議院大削減通過」とある。

憲政会の策士安達謙蔵は、政府は解散か総辞職を選択すべきであったが「勇気がないから」断行できず、帝都復興事業遂行の「口実の下にもろくも屈従」した。「解散しても復興事業が出来ぬ事はない」。しかし、閣内が普選論にまとまっていない政府に解散はできない。この結果貴族院の信用を失墜し輿論も政府攻撃し「結局土崩瓦解するに至るであろう」(東京朝日新聞、一二月二〇日付)という談話を新聞に発表している。

また加藤高明は、「山本内閣の復興案は大杉栄の葬式の様なもので、大杉の骨がドコに行ったものやら骨なしで葬式したといふが、今度の復興案も其の通で骨なし復興案になって了《しま》った」と言っている。

その翌日、後藤は突然財部海相に予算成立後の解散を提言、これを聞いた山本首相は田農商相に相談したが、田は解散するならば衆議院で復興予算が削減されたときにすべきで、そのとき、「削られたる予算にて責任を以て遂行する」と言っておきながら予算成立後解散するというのでは「内相の真意何れに在りや甚だ了解に苦しむ」と拒絶を進言している。山本は「何うも後藤はぐらつくから困る、困ったものだと連発せり」という状態で、さらに田健治郎が「後藤のぐらつくのに、又々あなたが辞表抔《など》申出でられては全く内閣の中心を失する」と言うと、「首相は後藤は駄目だ駄目だ、困った困ったと連発せり」という有様だった。

一二月二四日、その田農商相が主務的に担当した火災保険貸付法案が審議未了となった責任を取り、辞任した。新聞は田の辞任との対比で後藤を激しく批判した。「後藤子の行動の如きはお話にならない。審議会で復興計画を滅茶目茶に縮小されても、堂々と争ふことも出来ぬ癖に、委員会では盛んに審議会の老人連をコキ卸し、陰弁慶をきめてゐる。又衆議院が更に復興案を縮小し、自己の立脚せる復興院を廃止しても、恬《てん》として其の地位に止まり、閣議で解散説起るや、自ら非解散派の張本となるなどは、責任ある政治家の行動といふ事は出来ない。我等は田男（爵）今回の勇退に鑑みて、後藤子の出所の明快でないことを、一層切実に感ずる」（国民新聞、一二月二四日付）。

一二月二七日、虎ノ門事件が起こり、翌々二九日、山本内閣は総辞職する。このとき、山本の辞表提出に対して元老西園寺は留任の優諚が妥当と助言したので、摂政から辞表聴許《ちょうきょ》せずとの優諚が下付された。閣議が開かれ犬養が強硬に引責総辞職を主張したので、結局総辞職と決まった。「犬養は早くから普選が駄目と見てうまく退陣の機会をつかんだ」（古島一雄）のだった。

この点、後藤の影響下、一九二三年一二月に「日本復興無党派聯盟」を結成した橋本徹《てつ》馬《ま》は次のように言っている。「復興計画に其大理想を叩き込まうと意気込んで居た後藤子が、今其俗小なる計画に甘んじて居る有様はどうか。彼れの参考人であるビアード博士は曰く「今日理想に過ぐとの非難を国民より受くるは、他日国民より感謝せらるる所以、今日国民より好評を受くるは他日に悔を残す所以」と。さらば後藤子たる者其職を賭しても世の俗論と戦ふ処に自己の使命の一部を感じなければならぬ筈であるのに、あの七億計画の無理想はどうであるか」。

では本人は「失敗の原因」をどのように分析していたのだろうか。

後藤本人が記した「失敗の原因」と題された文章には、「議会解散をなすべきに躊躇逡巡して勇断を欠き、大削減を被り議会に服従し、不名誉なる因循《いんじゅん》微力の内閣たるの譏《そしり》を免れざる中に引責総辞職を為すに至りたること」とある。後藤の主張で行った「服従」を、「躊躇逡巡」とか「勇断」を欠いているとか批評しているのである。

†本章のまとめ

①政治史的視点

(1)関東大震災後の政治過程の主たる政治焦点は、復興問題ばかりではなく、普選・新党問題であった。

(2)閣内では薩派、閣外では既成政党勢力という反対勢力を抱えた後藤新平らは、政界策士利用・内務省人事などで一部政党の乗っ取りによる新党形成を策したが、その冒険的で強引な手法は一時的成功に終わった。
(3)復興問題上最も重要な帝都復興審議会の政治的利用は後藤の側から仕掛けながら、十分な根回しを怠り反対派の反転攻勢の舞台となった。
(4)政府の最大の武器である「解散総選挙」が後藤らの閣内地位の低下と閣内の不統一のために駆使できないと見定めた反対党の政友会の判断により、最後の政治的勝敗は決した。
(5)政党政治確立期に政党的基盤を持たなかった後藤は、大衆的人気を支えにするしかなく、いつも壮大なアイデアを出して耳目を引いたが、それを確実に遂行する持続力や安定感を持たなかった。
　復興計画のため鳴り物入りで来日し、後藤との邂逅風景が大々的に報道された米国の学者チャールズ・ビアードが、後藤や復興院に献言を聞き入れられずその「きわめて冷淡な態度」に失望し、わずか一ヵ月ほどで「淋しそうに」帰国したのもその一例である。

②一般化

(1)大震災後というような混乱時には、通常の政治過程時では時間がかかり容易に実現できそうにない政策を、権力を握った政治家が一挙に実現しようとして行動することが起きやすい。罹災者を中心にメシア待望的姿勢になっているからである。後藤が新党結成に向けて憲政会乗っ取りのため復興審議会を利用しようとしたのは、それであった。

(2)しかし後藤の策略は単純に過ぎ、それは短期的には成功しかけたが、追いつめられかけた加藤憲政会総裁の反転攻勢などにより実力以上に伸びきった戦線は遮断され、後藤の企図は挫折して、むしろその政治生命をうばった。それは、後藤にとっても不幸なことであった。

(3)非常事態及びその後の政治過程に際しては、リーダーに大幅な権限を委譲することになるが、その際、その限度を平和時に明確に規定しておくべきであろう。それも、地震、大火災、津波、火山噴火、安全保障（陸・海・空）への障害など想定される事態によって内容が異なってくるので個別ケース・類型ごとにもとめられるであろう。そうすれば、震災後数カ月という緊急時に解散総選挙か内閣総辞職かというような事態は避けられ、後藤のような政治家も、震災復興に専心し本来の力を発揮するものと思われるのである。一例として、大規模災害後一定期間の、解散総選挙・内閣総辞職の回避などがルール化されることが考えられるであろう。言うまでもなく、それは議会で議論を尽くし、与野党の合意の下に決められねばならない。

第8章　「大正デモクラシー」から「昭和軍国主義」へ

「大正デモクラシー」の時代から「昭和の軍国主義」の時代へという変化がなぜ起こったのかという深刻で重要な問題について、我々はまだ納得のいく回答を得ていないように思われる。そして、この問題を解明していくためには、今日の時点からみると否定的な対象をも積極的に取り扱っていかねばならないであろう。

そこで、ここでは二つの対象に関わる問題を採り上げることにしたい。

第一は、大正デモクラシー期から昭和一桁期における、超国家主義者たちの問題である。第二は、昭和一〇年代の日本を日中戦争から太平洋戦争へと突き動かした陸軍の幕僚層の問題である。

この二つの関連性はこの際問題ではない。それぞれの時期において日本を軍国主義化の方向に進める結果をもたらした人々がどのような社会的文化的背景から現れてきたのかを考察することが主題なのである。

また「大正デモクラシー」の範囲や、こうした昭和前期に起きた現象を全体としてどう規定するのかといった、言葉の定義にかかわる問題はここでは重要性が低いと考えられるので、常識的な前提で議論を進めていくことにしたい。

1 昭和超国家主義者の内面

†超国家主義への移行をどう見るか――久野の丸山批判

昭和一桁の時代に日本では、血盟団事件、五・一五事件などのテロやクーデター(未遂)事件が次々に起き、最終的には二・二六事件へと進んでいった。問題はこうしたテロリストや超国家主義者たちはどのような背景から現れてきたのかということである。この問題は、その重要性にもかかわらず未だに十分検討が行われていないといわねばならないであろう。この状況を打開するためにも、まず、これまでこのテーマについてどのような研究が行われてきたのかを振り返ってみることにしたい。

戦後、最初にこの問題を本格的に考察したのは、やはり丸山真男であった。それは『現代政治の思想と行動』（未来社）に収められた著名な一連の分析を指す。しかし、それらは当時としては優れた視点をもったものであったが、一つの大きな問題点を孕んだものでもあった。それが次の、久野収《くのおさむ》・鶴見俊輔《つるみしゅんすけ》的視点へと移っていく原因にもなっていく。

丸山の分析では、明治の国家主義から昭和の超国家主義への移行は連続的なものとしてとらえられている。つまり、天皇制的国家原理が明治にできあがり、それがそのまま昭和の超国家主義へと移行したとされているのである。したがって日本社会のもっているその種の一連の前近代的な体質を克服していかなければいけないという実践的視点が出てくることにもなる。

丸山真男

いずれにせよ丸山説は、日本社会のもっている天皇制的な前近代性、たとえば〈無責任性〉などの明治・大正・昭和連続説である。もっとも、丸山は論文「個人析出の様々なパターン」ではいち早く大衆社会論を近代日本に適用する研究をしており、単純化できない部分もある。しかし受容の流れからいえば、連続説的視点がその後もそのまま受け継がれていったと言ってよいであろう。巨視的にいえば、現在でもこうした考え方は残存しているとも言えよう。それに対する批判的視点を初めて出したのが、久野収・鶴見俊輔の『現代日本の思想』（岩波新書、一九五六年）であった。

この書では、白樺派などが「思想集団」として取り扱われており、拙著『昭和期日本の構造』（『二・二六事件とその時代』）もこの書物の影響下に書かれた部分もあるのだが、この中で、昭和の超国家主義が主題化されている。そこで（久野収執筆部分）丸山的視点への強い疑念が出されたのであった。大正時代に現れた朝日平吾による、安田善次郎刺殺事件のときに書かれた文章などを見ると、〝伝統的な明治国家の支配秩序を倒さなければいけない〟、〝伝統的な特権階級を打倒せよ〟ということが強く訴えられている。古い伝統的な明治的な支配体制を倒して、その上に新しい日本の社会をつくっていくと彼らは主張している。その古い社会においても天皇はシンボルであるが、新しい社会へと変革をしていくうえでも天皇は一つのシンボルになっていくととらえられている。

すなわち、当時天皇が〝支配のシンボルから変革のシンボル〟へと移行しつつあった点を見なければいけないという視点が、この久野・鶴見の書では出されたのである。

†伝統的国家主義の超越――橋川文三の超国家主義観

この論点をさらに突き進めていったのが、『現代日本思想大系31　超国家主義』（筑摩書房、一九六四年）の「解説　昭和超国家主義の諸相」（現在、橋川文三《ぶんそう》『昭和ナショナリズムの諸相』名古屋大学出版会、一九九四年に所収）をはじめとする橋川文三の一連の研究（『昭和維新試論』朝日新聞社、一九八四年等）であった。そこで橋川は、次のように昭和の超国家主義者たちを整理すべきだと問題提起をしている。

橋川文三

> 朝日平吾《へいご》の事件は、朝日が富豪の安田善次郎を訪ね、貧困な労働者のための簡易ホテルを作るための資金を出してくれと申し込んだ上、その場で刺殺して、自分もそこで自決したといわれる事件である（一九二一年九月二八日）。

そのときの朝日平吾の遺書を精読してみると、そこでは天皇が古い秩序の側の天皇ではなく変革のシンボルになっているばかりでなく、国民の基本的な権利や生存権が主張されており、既成の政治・経済・軍事の特権階級を激しく指弾する、はっきりとした平等主義的な内容が盛られていることがわかる。朝日は「武家専制の遺物たる貴族的軍閥的の階級思想を固執して、自由平等たるべき陛下の赤子《せきし》を窘迫《きんぱく》し、民本思想を指して危険視する頑迷不霊《ふれい》の痴漢」を攻撃していたのである（奥野貫《かん》『嗚呼朝日平吾』神田出版社、一九二二年）。

そこで橋川は、昭和の起国家主義には、この朝日平吾の事件と同じ年に原敬を暗殺した中岡艮一《こんいち》をあわせて、この二人を原初形態として、これを中間的に継承するような形で血盟団事件の井上日召《にっしょう》や、五・一五事件の橘孝三郎《たちばなこうざぶろう》などの人々が存在していたのであり、そのもっとも完成した形として北一輝が存在することになると結論づけている。

橋川によると、このように超国家主義を整理していく基準が二つあるという。

第一は、明治的な伝統的な国家主義からの超越と、飛翔の程度の問題である。すなわち、明治的な伝統的な国家主義を超越した程度が高いほど完成した、昭和的な超国家主義だというのである。

第二番が、伝統破壊の原動力としてのカリスマ的能力の大小という点である。

したがって、明治の国家主義からの超越度が高く、伝統破壊の力が強力であればあるほど昭和の超国家主義化してくる、という視点から昭和超国家主義をとらえようとしたのである。さらに、昭和超国家主義の原動力となった人々は〝人間が人間らしく生きるにはどうしたらよいのか〟という問題から出発しているのであって、それは明治国家の正統的な人間観、たとえば〝教育勅語的なもの〟の「おしつけ」とは対立する地点に立っているのではないか、という指摘も行っている。

橋川は以上のような問題提起をしたが、筆者の視点も基本的にはほぼこの延長線上にある。明治の伝統的な国家主義は、大正期を経て昭和になると明確に変質した新しいナショナリズムになったという視角を保持しておかないと、昭和の超国家主義は理解できないと思われるのである。

†煩悶青年と北一輝の個人主義

では、それを具体的にいうとどうなるか。明治期の、ナショナリズムは、身分意識を母体にした旧士族・豪農層的なナショナリストを担い手とするものであった。〝天家国家のことを憂うる〟のが、ある意味でこうした階層の人々の「特権」のようなものでもあった。明治期の代表的なテロリストといわれる人々は、主にこうした層から現れている。森有礼

北一輝

文部大臣の暗殺者・西野文太郎《ぶんたろう》や星亨《ほしとおる》暗殺事件の犯人・旧幕臣の伊庭想太郎《いばそうたろう》などはその典型といえよう。それに対して、大正末期から昭和初期にかけては、落魄した下層中産階級からナショナリストあるいはテロリストといわれる人々が出てくる。

その意味では、橋川の「原初―中間―完成」という図式は、井上・橘・北はほぼ同時代人であるのにもかかわらずなぜ井上・橘が「中間的継承」とされるのかが不明であることなど不分明な点があるので、次のように見直していくべきではないかと思われる。

明治末期の、日露戦争期から大正初期にかけて、いわゆる煩悶時代という時代があった。修養や教養という観念もその頃出てくることになる。一九〇三（明治三六）年に藤村操《みさお》が華厳滝で煩悶の末に自殺した頃から、大正の初期頃までのこの煩悶青年層たちのなかに、昭和超国家主義の第一世代の人々はほぼ含まれている。大川周明、井上日召は一八八六年生まれ、北一輝が八三年生まれなので、明治の終わり頃にはほとんどの人が青年期を迎えることになっている。橘孝三郎だけが少し遅れて、大正の初期に一高に入学、その後一高を中退して水戸に帰って愛郷塾《あいきょうじゅく》という、トルストイ精神に基づいた一種の「農村共同体」を作っているが、満川亀太郎《みつかわかめたろう》も含めて彼らをほぼ同時代人と位置づけることができよう。

彼らは、明治末期に煩悶青年時代を過ごした結果、ルートは多様であるが、基本的に何らかの形で個人主義の影響を受けており、その内面に強い個人主義的な問題意識を持っていた。

たとえば、北一輝の場合、有名な『日本改造法案大綱』の中で明治の伝統的国家主義では「天皇の国民」といわれていたのを、「国民の天皇」というポジションへと天皇と国民の関係を読み替えていった。日本は「近代民主国」たるべしとも「国家存立ノ大義ト国民平等ノ人権トニ深甚ナル理解」（傍点引用者）を要するとも言っている。朝日平吾は、この北一輝の影響を受けて安田事件を起こしている。第一作の『国体論及び純正社会主義』から『日本改造法案大綱』に至るまで、北にはこうした形での個人主義的傾向が思想の深いところに内在化していた。個人の尊厳を確立したうえで日本の社会を組み立て、その上に天皇が象徴として存在しているという形の議論の構成となっているのである。

したがって、昭和の初期の超国家主義的なものの全盛時代には、同じ陣営から北一輝は激しく攻撃されていた。次のようにいわれている。

北氏の日本主義は、近代個人主義と対立しないばかりでなく、むしろ個人主義の上に立つものである。個人の集合体として社会を見、そこから国家が成り立つという考え方は、まったく西洋近代文明流である。

†超国家主義第一世代の悩み

大川周明も、一九〇六（明治三九）年に第五高等学校の学生時代、精神的な問題に悩み、救いを求めていた。結局、幸徳秋水《こうとくしゅうすい》の影響を受けて、「黒潮会」という団体を作って学校当局と対立して、学校当局を完全に屈伏させる栗野事件という事件を起こしている。大川周明も内面的な個人主義的な悩みから社会主義に接したり、あるいはキリスト教に接したりと幅の広い精神的遍歴を続ける青年時代を送っていたのである（大川『安楽の門』参照）。猶存社《ゆうぞんしゃ》を北・大川と一緒に作った満川亀太郎も、回想記を見ると、井上哲次郎の修身教科書は学校で無理やり暗記させられたが試験が済むとすぐにごみ箱に捨てた、とある。木下尚江《なおえ》の『火の柱』や『良人の告白』が自分の心の隙間を埋めてくれるものとして存在していた。それらを経て、結局幸徳秋水の『平民新聞』を愛読して、『平民新聞』の編集局員になることを夢見ていたというのである。

血盟団の井上日召も、幼時から青年期にかけて井上の父親が事あるごとに天皇とか、忠君愛国ばかりを言うのに反発を感じていた。自分にとっていちばんの悩みだったのは、生とは何か、善悪の基準とは何かということだったので、忠君愛国というようなことはまったく理解できなかったと著している。そしてやはり、まずキリスト教の教会を訪ね、次にそれでは満足できなくて投身自殺を企てるなどした後、結局満州へ出かけている（『日召自伝』参照）。

橘孝三郎も、〝どうしても自分の個性の要求する自我の叫びに従って徹底した生活をしたい〟、ということから一高・東大というエリートコースには納得できないということで、岡田式静座法を試みた後、結局は〝百姓生活に真の自己がある〟として一高を途中で辞めて水戸に帰っていくという遍歴を経ている。

大川周明

したがって、第一世代の人々はいずれも、結局、明治的・伝統的な国家主義による形式によって盛り込みきれないような生、あるいは自我の問題を抱えた人々であり、その人たちがさまざまな遍歴を経たあと、大正末期から昭和初期に書物を書くなどして、青年たちのあいだに登場していったのだといえよう。そして、大正末期から昭和初期にかけて日本社会に危機が襲ってきたときに、伝統的な国家主義者たちの書いた忠君愛国的な書物は、若い、危機感を抱いた人々にとっては古くさくてまったく受けつけることができなかった、ここに名前をあげたような人々の著作だけが、次の世代のもっている悩みに対応することができたと解釈できるのではないかと思われる。

一例として、青年将校たちの運動の有力なリーダーであった菅波三郎《すがなみさぶろう》の回想記の次のような記述があげられよう。陸軍幼年学校に入ったときに『陸軍の五大閥』という書物を読んだが、理想的に考えていた陸軍の内部に大小さまざまの派閥があり、「長の陸軍」とか「薩の海軍」といわれることがわかった。これでは〝一死報国〟とか〝尽忠報国〟などといわれても信用できず、軍隊に非常に失望することとなった。そして陸士予科では次兄が女性問題で悶死したこともあり、結局は「死とは何ぞや生とは何ぞや」という問題に逢着して、「一八歳の私も彼（藤村操）と同じ懐疑に陥って、幾夜か夜更市ヶ谷台上の静寂たる校庭をさまよいつつ、ついに死を思うに至った」。そのとき、北一輝の『日本改造法案大綱』を読んで、「あたかも乾いた土が水を吸うように私の心境にしみ通った。それは過去六年間、私が捜し求めてきたもの、積日の疑団一時に氷解するの思いがした。かくて、この一書にめぐり会ったことは、私の生涯にとって重大な機縁となった」（菅波三郎「昭和風雲私記」『南日本新聞』一九六四年、連載）。

このような形で、北、大川、満川、井上、橘らの影響が青年将校や、血盟団員の人々に及んでいった。したがって北らが超国家主義の第一世代、青年将校らが第二世代とまとめられよう。

†血盟団員・菱沼五郎の軌跡

以上の考察からすると、昭和初期の超国家主義運動の担い手の実態を知るためにはむしろ第二世代の人々のほうが研究対象として重要だということになる。その意味でここではさらに、血盟団事件の参加者の軌跡を探求していくことにしたい。

血盟団事件は一九三二（昭和七）年に起きているが、井上以外のメンバーは一二人であり、うち八人が東大と京大などの学生で、残り四人が農村の出身で都市の商店などに勤めた下層庶民の人々である。それは小沼正《おぬましょう》、黒沢大二、古内《ふるうち》栄司、菱沼五郎の四人なのだが、そのうち三井合名理事長団琢磨を射殺した菱沼五郎の軌跡を「上申書」などにより、まず

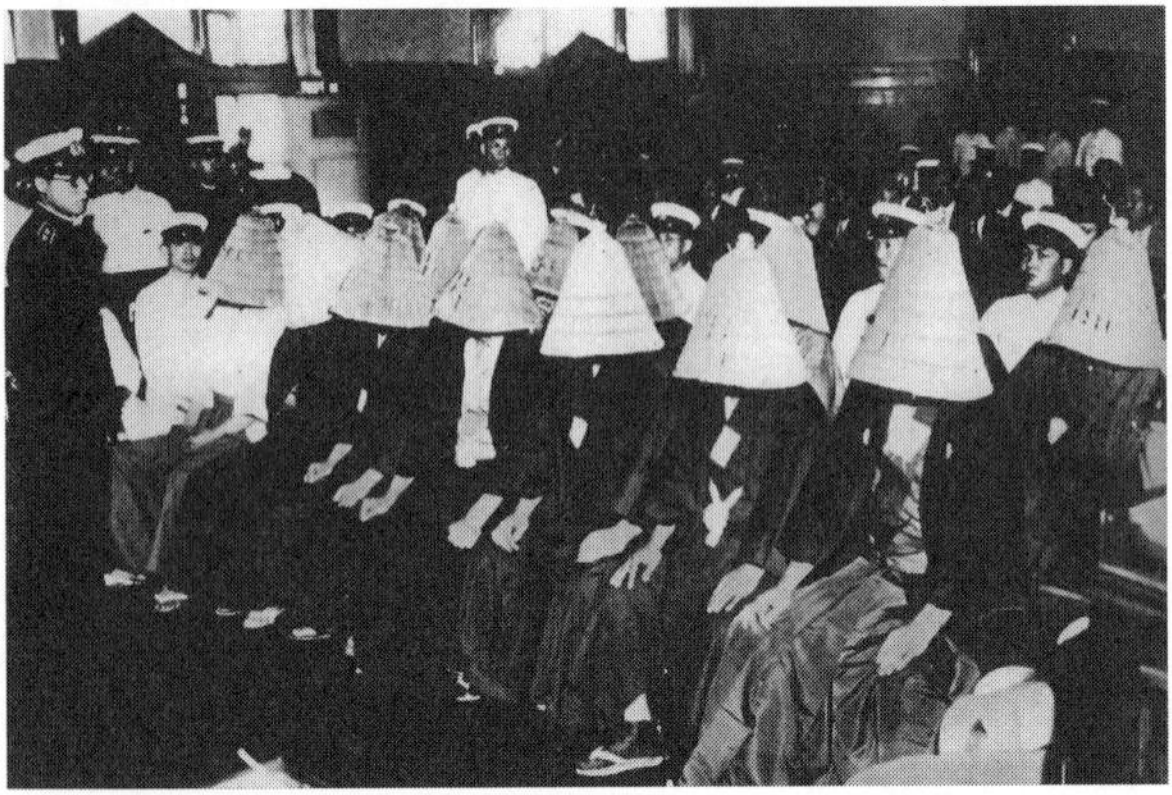

秘密裏に東京地裁で開かれた血盟団事件第１回公判（1933年6月28日）

見ていくことにしたい。その頃の下層庶民の青年がこうした運動に逢着していくプロセスが典型的に理解できるのではないかと思われるからである。

菱沼は、一九一二（大正元）年に生まれて、高等科第一学年を修了するまで首席で終始しているが、家庭の事情等でそれより上の学校には行きにくかった。鉄道が好きで鉄道員になりたいと思い、岩倉鉄道学校に入学できた。入ったときは三番だったが、成績が次第に下がったので発奮して猛勉強したところ無理がたたり神経衰弱になった。こうして結局「二百名かの内三十二位の平凡を以て卒業せり」ということになった。

田舎に帰ってみると、後に同志になる小沼や黒沢ら村内の青年五、六人が、銭湯を日蓮宗の道場にして信仰を始めていたので、そこへ行きだした。しかし、最初はそれほど興味はなかった。そこへ運よく、東京の東上線池袋駅に口があって試験を受けに行った。ところがその身体検査で紅緑色盲が見つかり不合格になる。今まで成績が悪くては鉄道員になれないということで一生懸命勉強をしてきたのに、色盲ならその勉強がすべて無意味だったことになる。そもそも色盲である自分が鉄道員になれるわけがないのに、鉄道学校は入学に際してぜんぜん身体検査もしなかったのだから、この間の授業料は全部だまし取られたようなものだ。このようなはなはだしく無責任な営利主義の学校が許せるかと非常に憤慨した。色盲では当時の日本では大多数の職業に就けなかったので、「さなきだに失望して居りし私は益々失望せざるを得ざりなし。懊悩、煩悶、悶々として其の当時日を送り居たるが、前に一寸信仰せし日蓮宗を思い出し、此の煩悶を医やさんとして、其れから真剣に日蓮宗を信仰し始めたり」となっていった。

この日蓮宗の道場で日蓮上人の伝記を読んで、日蓮上人があらゆる迫害、圧迫の中で「我日本の大船とならん、我日本の眼目とならん」といって「国難」にあたって活躍したのに啓発されてこうした運動に加わっていったのだ、とさらに述べられている。彼自身、鉄道学校を出たあとに色盲が発見されなければ、日蓮宗の道場に行ったり血盟団の仲間と親しくなったりしなかった可能性が高く、またもし周辺にいた人たちが「共産主義者」だったら自分も「共産主義者」になっていたであろう、とも言っている。

将来何に依て生きるか、其れさえも分らずに煩悶しつつ居りし私は、非常に革命運動に興味を感ぜしなり。今当時を追想して懼《おそ》る。無希望の彼の当時私の周囲若し共産主義者たりしならば、私も赤化せられざりしかと。蓋《けだ》し希望は人の生命なり。況や我々青年に於てをや。

†非合理的・非主体的な思考

ただ、それでは本当に彼らの周辺に「共産主義者」がいたら、彼らはそれになっていただろうかと考えると、そうとも思われない。というのも、彼らの思考様式が、マルクス主義が孕んでいる「西欧的合理主義」とは縁遠いものであったからだ。彼らの発言を見てみると「神秘」「因縁」「宿命」といった言葉がよく出てくることに気づかされる。

鈴木喜三郎〔ママ〕暗殺に赴かんとして、明治神宮に参拝し、御嘉納《ごかのう》遊ばされ給うならば我の決行を成功せしめ給え、国家の為に其は悪いと仰せ給うならば私の決行を不成功に終らしめて下さいませと、一切を神の裁断に御委せ申し、遂に私は決行を成功せり。故に此の一事は、決して私の力には非ざるなり。恐懼《きょうく》に堪えずも我々の運動を御嘉納遊ばされ給う神示なりと私は斯く信じて疑わざるなり。而して、神秘の暗示か、偶合の拳銃の故障（のため）……決行直に自分も死なんとして、張り切って居りし元気は意外の結果に依りて死損い、急に張り合い抜け、……自分から死ぬと云うことが、実際に厭になると云うことを私は体験せり。彼我共に因縁なり。

思えば私が此の運動に参加したるは誠に先天的なる宿命なり。小学校時代自分は非常に鉄道を好み、父兄の希望に反対して自ら鉄道を職業とせんとしたるが抑の宿命なり。

兄弟五人の中、私一人が色盲たるは天も誠に私を此の運動に投ぜんが為なり。

こうした意識は、右の文中にもあるが、自分のした（する）行為が何か自分以外のものによって動かされているという意識につながっている。

帰る汽車の途中にて、決行の日時を熟慮したるが、明くれば三月五日なり、此の五日と云う日が私には非常に気に入れり。其れは私の過去の重大問題と云うは、此の五と云う数字に左右され居るなり。一例を挙げんに、兄弟の五人目なり、五月五日が誕生日なり、井上に会い、遂に井上に死生許すに至った初対面は五月五日なり。決行即自分の死なり。五月の日に生れ、五日の日に死すは俺の本望だと、私は左様に思われたり。若し此の五日を取り逃したならば、俺の決行の日は永久に来ないかも知れぬ、とさえ私には感ぜられ……黒沢に対し、おい黒沢、貴様と斯うして一緒に寝るも今月今夜が最後だ。又明日は必ず暗殺される人があるぞ、と断言を敢てしたり。黒沢は之に対して、暗殺される人は今夜如何なる夢を見るかな——、と感歎し居れり。

対象への接近の容易さ如何といった合理性の基準ではなく、「五日を取り逃したならば、俺の決行の日は永久に来ないかも知れぬ」といった暗合から決行の日取りが設定されていること、また「私が明日暗殺をする」というのではなく「明日は必ず暗殺される人があるぞ」といった何か自然現象のように主体的行為がとらえられていることは、とくに興味深いと言わなければならない。

非合理的で非主体的であることがむしろこうした運動や行為の吸引力の有力な源泉になっているということなのである。

都会で「立身出世」を夢みた青年が挫折したとき、故郷の農村で出会った都会的・合理的なものを超克しようとする行者的リーダーに率いられた土俗的宗教教団とその運動。こうした現象は、その集団の強弱の差はあれ、当時の日本の各所に遍在化しており、福本イズムのようなものに魅惑されていた当時の大学生を中心としたマルクス主義の運動がついに吸収しきれなかったものだといえよう。農村→都会（挫折）→農村、という循環がプレモダンとポストモダンとの一つの融合を導き出していたのである。

プレモダンに乗っかったポストモダンの非合理性は丸山真男らモダンによる分析・超克の最も難しいものだったとも言えよう。

†宗教的な救済願望

なお、人生論的・宗教的傾向という点では、小学校の教員をしていた古内栄司のほうが、それがはっきりと出ている。

「生れたことを何よりの不幸となす（地獄道であった）」
「親さえも何故に俺を産んでくれたかとうらめしく思うた」

と太宰治を思わせるようなことを書いている古内は、自己の「師範生活」を「上申書」で次のように要約している。

大正八年に入学。（中略）大疑を抱く。（中略）
大疑の動機。
第一学期試験中柔道をなし骨を折る。
接骨病院へ入院。以後五十日間臥床す。
大疑はこの間に起る。生きる？　之は一体何の事か。
俺は目下臥床に在る。何が故に……⁇　大懐疑。
無理想なる寄宿生活、人生の本来の面目を錬磨する道場に非ず。
無方針なる学校当局、単なる断片的知識の切売なり。

俺は一体今後如何にするか、求める処のものは、
只一点だ。この一点果して如何。
教員としても子供の前に立ちうる資格も自信も微塵程もない。
こんな俺を一人前の教員として免許状をくれた処の学校も無責任だ、国家もいかぬ、
同時に俺もよろしくない。斯くて次の如く、
苦難の途を歩むと決心す。
一、目標、人生を究め尽す。
一、念頭、一人の師に会いたい。会えなければ我れ自らに於てあく迄究め尽す。
一、手段、一切の楽道をさけて苦道へ何処迄も身を投げかけて鍛えぬく。刑務所へ入ること。戦場へ出ること。其の他常、非常の途ありとあらゆる体験をなす。唯是のみ。

古内は、「呉々も私の申上げたいことは吾々は老若男女、愚賢を問わず誰も彼れも「先ず第一番に自分自身を解決する」このことです。国家改造の秘《ひ》鍵《けん》も実にここにある事を確信を持って申上げて置きます」とも言っているが、彼が明治末期の煩悶青年の後裔であることとともに、「断片的知識の切売」と見られた近代的な学校教育を超えた「体験」的な

ものが希求されていた事情が理解できよう。

彼にとって「国家改造の秘鍵」は「自分自身を解決する」ことだったのだ。

彼は自ら半生を振り返って、

「家督相続拋棄。長男に生るゝを不幸とす。親不孝。泣いても泣きゝれず大苦悩」

「朋友

a、真の朋友なし。悲愁悲哀言語に絶す」

「自然を愛す

a、平凡な山間の村。草花を好む。山遊び其他。自然の影響。

b、平磯の海に泣く」

「虚弱な身体

a、二歳の時九死に一生を得。後母の慈愛に泣く。

b、年中医薬に親しむ。偉なる哉親の愛」

と著しており、「悲哀」に満ちた「虚弱な身体」で「泣いて」「苦悩」ばかりしていた印象が強い。
古内は次のような詩も作っている。

驚愕

山亦山の
片田舎
世の進運をよそに見て
平和な村の片田舎

素朴純情の
村人は
誰己《おの》が農業《わざ》一筋に
君が代寿《ことほ》ぐのみなりき

未明に起きて

日暮まで
田畠耕し山分けて
汗と埃に塗れつつ

斯《か》くて幾歳《いくとせ》か
過《す》ぎ来《こ》しが
平和な村はこは如何に
荒涼の巷と化し居りき

それは、「薪炭、木材格安にて村内困り抜く。一般農民は殆んど青息吐息なり。一日朝暗きより夜暗き迄働いて（自分弁当）三十銭よくて五十銭。これさえ中々に仕事なし」という恐慌的状況が現出したからであった。

こうした状況は、「明治元勲達は国家国家と云って国民を忘れて居った。一度山村に入ればよくわかる。殆んど無いか有るかの国民として農民なんか忘れ果たされて居った結果が今時の農村行詰なり」と認識されていった。「明治元勲」の「国家」は「農民」の敵だというわけである。そして「都会は人間社会の沙漠なり」というところから、結局「農村が都会化し了ったとき、国家は滅亡」する。この「一歩々々滅亡に近づきつゝある現状」をいかにすべきかということになっていった。

古内は、個人的「不幸」「苦難」「言語に絶す」「悲愁悲哀」と「人間社会の砂漠」である「都会」のため「荒涼の巷と化し」た「農村」の「行詰」が合体した結果としての「一歩々々」の「滅亡」感に襲われ事件に加わっていったのであった（引用は小沼広晃編『血盟団事件上申書・獄中手記』血盟団事件公判速記録刊行会、一九七一年）。

†ポストモダンな宗教的運動としての超国家主義

その他にもいくつもの事例が存在するが、大正の末期から昭和初期にかけて、初期的な大衆社会化状況が進んでいく中で、さまざまな形で挫折して孤立した個人が、救済願望を抱いたとき、血盟団的なものが台頭する芽が広く潜在化していたのだと言うことができるであろう。

明治末期に生まれたいろいろなクールアウトのメカニズムが、大恐慌下の非常に強い危機のなかで作動しなくなってきていたと言ってもよい。そうした中で、さまざまな癒しを求める共同体的なものが模索されて、たとえば日蓮宗のような伝統的な宗教の中から神秘的な要素が再発見・再解釈されていった、と見ていくのが妥当であろう。

その意味では、こうした事件は政治的なテロ事件として生じてきているが、実はこうした形で彼らの軌跡を見てくると、一方では社会主義の運動に、他方ではさまざまな宗教運動に入った人たちとじつは変わらないような経歴を彼らは持っていることがわかる。こうした人たちの上申書などを見ると、一種のポストモダンな宗教的救済運動だったと考えられるのではないかということも言えよう。こうした形で、昭和の超国家主義をあらためてとらえなおしていく必要があるのではないだろうか。

下層庶民型のナショナルなテロリズムの再検討のためには、彼らの置かれている「あるべき幸福からしめだされているものの悲哀」(鶴見俊輔『昭和維新試論』解説)ともいうべき「不幸な状況」の理解が何よりも必要なのだと言えよう。

2　陸軍中堅幕僚の思想

†陸軍の派閥と中心人物

昭和の一桁期は超国家主義者によって大きく動かされたのだが、次の昭和一〇年代は陸軍の中堅幕僚によって動かされていく。彼らはどういう人間たちであったのか。

これを知るためには、まず陸軍の派閥対立がどういうものであったのか、そして昭和一〇年代にはどういう人たちが陸軍の中心にいたのかを理解しておく必要がある。

陸軍では、もともと「長の陸軍・薩の海軍」といわれるように、山県有朋《やまがたありとも》から寺内正毅《まさたけ》、田中義一と長州閥が続いていたが、その人脈が大正の末期頃から切れて、岡山出身の宇垣《うがき》一成《かずしげ》が後を継ぎ、宇垣閥というものに変化していった。宇垣は陸相時代に〝宇垣軍縮〟を行うが、それに対して闘っていたのが九州閥といわれる人々であった。薩摩（宮崎県の薩摩藩領）出身の上原勇作、佐賀県出身の宇都宮太郎、真崎甚三郎《まさきじんざぶろう》らが結束して存在しており、単純化するとこの九州閥と長州・宇垣閥が対立する状況で大正後期頃に至る。

さらに大正の中頃に、ドイツの温泉保養地バーデンバーデンで永田鉄山《てつざん》らが、長州閥中心の陸軍を建て直そうという盟約を交わしている。彼らは日本に帰ってからいくつかの会を作り、最終的には一夕会《いっせきかい》というものになる。その中心メンバーは永田鉄山や東条英機ら

石原莞爾

であった。

それから、先述の青年将校たちの運動が大正半ば頃から起こってくるので、一九三一(昭和六)年頃には九州閥・一夕会系幕僚・青年将校という三つの流れが合流し、初期皇道派ができる。初期皇道派は宇垣閥を圧倒して、一時は陸軍の中枢を占めるに至るが、九州閥の流れを汲む荒木貞夫・真崎らの将軍たちと直接的な行動によって国家改造を行おうとする青年将校たちの結束したグループである皇道派と、陸軍の合法的な力に依拠しようとするグループである統制派の二つに結局は分かれていく。そして二・二六事件で皇道派は壊滅することとなる。

この後、満州事変を起こして成功し、二・二六事件後は参謀本部の作戦部長という最重要のポストにあった石原莞爾《かんじ》を中心とした石原派(満州派)がかなり強い力をもって陸軍を動かしていく。しかし、日中戦争が始まり拡大すると、石原は武藤章ら拡大派に敗れ結局は太平洋戦争直前には東条英機・武藤章らの人々が陸軍の覇権を握っていくことになる(だからと言って彼らは「統制派」というわけではない)。

†辻政信の軌跡

さて、ここで採り上げたいのは、東亜連盟思想によって石原莞爾と近く、また東条英機とも近かった、辻政信《つじまさのぶ》という人物である。辻を通してこの時期の陸軍のもっていた問題点を考えていくことにしたい。

辻政信は、一九〇二（明治三五）年に石川県東谷奥村今立《ひがしたにおくむらいまだち》に生まれている。山中温泉のそばで、炭焼きをしていた貧しい農家に生まれたが、小学校は首席で、山中温泉にある高等小学校に行き、陸軍軍人を志望して陸軍幼年学校を受けた。陸軍幼年学校から士官学校まで首席で卒業し、歩兵第七連隊にいったん所属したあと、さらに陸軍のエリートになるために陸軍大学校に入学。ここは三番の成績で卒業した。成績にこだわるのは陸士・陸大の成績が昇進をかなり左右するからである。

一九三二（昭和七）年に上海事変が起きて、初めて出征して負傷、いったん参謀本部に戻る。もともと陸士・陸大の好成績でかなり有名だったのが、このあたりから「有名度」が増し、一九三四年に陸士の生徒隊の中隊長になったときには、陸軍士官学校事件という重要事件の中心人物となった。これは、皇道派と統制派の対立のなかで、皇道派の青年将

辻政信

校たちがクーデターを起こそうとしたとして憲兵隊に逮捕されたとされる事件であった。この事件は、自らの生徒隊の学生が「クーデターに巻き込まれるのではないか」と疑った辻が一種のスパイを皇道派の青年将校のなかに送り込むことによって、実際にはクーデターの計画はないのにもかかわらず皇道派の青年将校が検束された事件と見てよいだろう。この事件のために、皇道派の青年将校の中核であった磯部浅一《あさいち》と村中孝次《たかじ》が陸軍を辞めさせられ、二・二六事件の遠因となっていく。

辻は、これによって統制派へ大きく貢献したこととなる。その後いくつかの経緯を経て、一九三七（昭和一二）年に関東軍の参謀となり。そこで、ノモンハン事件（一九三九年）が起きる。辻が関東軍の参謀に赴任して後に作成した「満ソ国境紛争処理要綱」では、陸軍中央のソ連に対する姿勢をまったく弱腰だと見て国境紛争に際しては「一時的に『ソ』領内に侵入」することを認め、国境線が不明瞭な場合は現地司令官が「自主的に国境線を認定」することも容認していた。最前線で事件があれば強硬な姿勢を貫き通そうとかまえていたとしか見えない。したがって事件の勃発は辻にとっては「好機到来」ということになる。

しかし、最終的にはノモンハン事件は日本の勝利とはならず、第一一軍司令部付ということで辻は左遷される。ここで、石原莞爾の影響のもとに東亜連盟という、アジア主義の運動を起こして、「派遣軍将兵に次ぐ」という、〝日本と中国その他の東アジアの国々の連帯〟を説く文書を発行して注目される。

そうして、いったん台湾軍研究部員となる。ここで東南アジアでの戦争の作戦の準備・研究をして、一九四一（昭和一六）年に参謀本部の部員となる。この一九四一年という決定的な春・夏・秋のプロセスで、陸軍が米英と戦争するかどうかというときに、辻はいちばん重要な兵站《へいたん》を考える担当者として「日本はアメリカと戦争すべきだ」と主張した。

理由は大きく二つある。一つは〝アメリカには人種問題がある〟ということ、もう一つは〝アメリカは非常に婦人が強い国なので長期戦に向いていない〟ということがあった。こうした、今から考えると信じられないような判断もあって、日本は開戦の方向に進んでいったのである。辻はノモンハンの失敗を取り返そうとしていたと見てよいだろう。

開戦後は、第二五軍でシンガポール作戦を自分で立案して実行していく。さらに参謀本部の作戦班長になり、バターン戦に関与したり、ガダルカナル戦も指揮したりした。そして、いくつかの虐殺事件にタッチした可能性もあるのだが、一九四五（昭和二〇）年の敗北とともに行方不明になる。しかし戦後〝潜行三千里〟後、突然現れ、参議院議員になった後、ラオスで行方不明になった。

†近代的能力主義が太平洋戦争につながった

以上のような辻の経歴を通して、大正・昭和の陸軍を考え直してみると、次のようなことが指摘できるであろう。ワシントン条約下、大正の後期から陸軍は山梨軍縮、宇垣軍縮という思い切った軍縮を行い、定員にして約九万六四〇〇人を削減することとした。当時の陸軍の約三分の一の将校と兵を解雇したため、二一個師団あったものが一七個師団になっている。将校たちの再就職先が必ずしも十分ではなく、セールスマンになるなどの姿が「哀れ」をとどめることとなった。

後の手当てを十分に考えずに、大きな社会的な圧力の下にそれを実行したため、多くの将校たちが悲惨な目にあったのである。それをめぐる賛否両論が当時の新聞には多く出ており『嗚呼軍縮』というタイトルの書物まで出た。このワシントン条約時代は、世界中で平和主義が強かったので、国内的にも軍縮ムード、平和主義のムードが強く、日清・日露戦争の頃のような軍人を尊重するという社会的気風が非常に弱くなっていたわけである。

中央官庁に勤める軍人が、電車に軍服で乗っていると、何かといじめられるので、登庁するまで私服の背広で行って、登庁してから軍服に着替えるというような、そういう軍縮・平和主義の時代であった。

ただクビを切られただけでなく、大正軍縮時代から満州事変までの軍人の俸給と昇進の関係について詳しく調べた広田照幸『陸軍将校の教育社会史』(上・下、ちくま学芸文庫、二〇二一年)によると、リストラしたからといって、下にいた職業軍人の地位が上にあがることも簡単にはいかず、むしろ逆に定年も早くて四〇代半ばになっていた。給料もなかなかあがらないので、結局他の職域の官職の人に比べても軍人だけが極端に低い水準の生活をしている、という状況に置かれたのである。

佐藤鋼次郎《こうじろう》中将が当時書いているが、それは次のようなことに関わってくる。すなわち、ヨーロッパの各国の軍隊や将校は富豪や貴族の出身者が多く、日本は相対的に下層階級の出身の将校が多いように基本的にできあがっている。その結果、ヨーロッパの各国の軍隊の将校は、その生い立ちからして社会の上位を占めているので、そのまま兵隊の尊敬を受けるということになるし、仮に比較的早い年齢で中尉か大尉で辞めても、もともと相当の資産があるので代議士になったり、会社の重役になったりして、現役を退いてからも将校の体面を汚さずに社会に貢献し、また尊敬を受けることができる。だから、退職後の生活に不安を感じるということもない。

それに対して、相対的に下層階級の出身者の多い日本の将校の場合、どうしても退職後の生活に対して不安が強く、何が何でも現役のままにいたい。そして何とかして高い地位に就いていきたいとあくせくすることにならざるを得ないということになる。

つまり、能力主義によるところの日本の、よりオープンで近代的な人材選抜システム、業績主義的な人材配分システムのほうが、昭和期に問題を起こしやすい体制になっていた。日本社会で将校として生き残ろうとすると、大正軍縮以降、学校にいるときには学校の成績を上げ、職に就いたらあらゆる機会をとらえて自分の能力を発揮して高い地位に就こうとするようになる。あるいは少なくともそういう衝動が生じやすいようになっていた。当時の軍人にとって自己の能力を最大限に見せる機会といえば戦争ということになる。いわば当時の日本の陸軍の昇進システムそのものが、満州事変その他の一連の下克上的な事件を起こしやすいものとして存在しており、結局は太平洋戦争につながっていきやすいものとして存在していたのである。辻政信はその象徴といえるだろう。

下克上の構造

満州事変は、中央の言うことを聞かずに関東軍の参謀であった石原莞爾らが独断で引き起こした。それを追認したために、〝こういうことをしても後から認められればいいんだ〟と、今度は綏遠《すいえん》事件を武藤章が独断で大陸で起こそうとする。このときは、石原が参謀本部にいたので止めに行ったところ〝あなたがやったのと同じことをやろうとしてるだけでしょう〟というようなことを言われ、石原は返す言葉がなかった。その後、盧溝橋《ろこうきょう》事件は、もちろん独断で起こしたわけではないが、今度は武藤が石原部長の下に作戦課長に就いていて、拡大のほうに手を貸す行動をして石原を苦しめている。

武藤章

ところが、この武藤も中支那方面軍の参謀副長を歴任するなどして日中戦争に対応しているうちに、愚かな泥沼の戦争をしてしまったということに気づいて反省をしていたので、太平洋戦争が始まるときには陸軍省の軍務局長という重要なポストにいたのだが、積極的にアメリカとの戦争をしないようにと努力をしている。しかし、ノモンハン事件で失敗をしていた辻政信らが戻ってきて武藤を苦しめて、とうとう戦争に進んでいったのである。

こうしたことも、先述のような大正の軍縮以来陸軍の軍人の置かれていた状況を考えると理解できる。そういう意味では、ある種の能力主義的な行動に訴えがちな大きな状況が存在していて、次々に下克上的な動きが起こって太平洋戦争につながっていったわけである。日本の陸軍は年功序列的なシステムになっていたとか、あるいは上からの権威主義的な体制であったために戦争に進んでいったとか言うのは大きな誤解であるといえよう。それは、ある種の近代的な人材能力システムがあってこそ生じた現象なのである。軍人に関しては〝横並び主義〟よりは〝競争主義〟が問題の真因なのだ。

もっとも、〝横並び主義〟が太平洋戦争へのプロセスと無縁かというと、もちろんそうではない。下克上的な現象が既成事実化すると、〝バスに乗り遅れるな〟とばかりに熟慮もなく慌てて追認するといったことの連鎖が太平洋戦争までつながっていったわけである。この〝バスに乗り遅れるな〟は〝横並び主義〟なのである。したがって「バスに乗り遅れるな」が昭和前期の日本崩壊のキーワードなのだが、それとともに「下克上」も忘れられてはならないということなのである。

以上、「大正デモクラシー」から「昭和軍国主義」時代への移行の背景を、昭和超国家主義者の内面と、陸軍中堅幕僚の思想という二つの視点から照射してみた。あらかじめできあがった図式から見るのではなく、内在的な理解の視点のみが、否定的な対象の理解と克服にもっとも貢献できることを提起したつもりである。

また、前者ではポストモダン的要素を、後者ではモダンな要素を指摘したので、一見矛盾しているように感じるかもしれないが、いずれもプレモダンの要素から問題をとらえようとする方向を乗りこえる視点を提起したものとして受けとめてもらえばよいと考えている。

近代社会・大衆社会としての日本はこうした構造で戦争へと進んでいったのである。

第9章　太平洋戦争への道程とポピュリズム

日本はなぜ対米開戦に突き進んだのか。軍国主義の時代、影響力を強めた軍が国民を戦争へと引きずり込んだと考えている人も多いようで、確かにそういう面もあるが、それだけでは歴史の単純化に過ぎない。歴史は点ではなく線から読み解かねばならない。

その意味で、「一九三〇年代の危機」を二〇年代の終わりから四一年までの期間として丁寧に振り返る必要がある。国内的背景、国際関係的背景の二つから見ていきたい。

†国内危機の背景——軍人の不遇、恐慌

まず、国内的背景について、重要なことは一九三〇年代の軍人台頭の社会的背景としての軍人の不遇ということがある。三一年の満州事変以前の日本では、軍人の社会的地位は

非常に低いものだった。約一六〇〇万人の死者を出した第一次世界大戦により戦後世界の世論では反戦・平和主義が非常に強い力を持つことになり、海軍の軍縮条約に続いて陸軍でも大規模な軍縮が行われ、約九万六四〇〇人の人員削減が行われた。

その場合、問題は将校である。十分な手当てがないままに、尉官級以上の約三四〇〇人が突然無職になる悲惨な状況になった。そしてすでに述べたように、将校が軍服で電車に乗ると「拍車が邪魔だ」と蹴られたりするので、彼らは軍事官庁に勤務する際は背広で出勤し、役所で軍服に着替え、帰宅するときはまた背広に着替えて帰るというありさまであった。こうして軍人たちに大きな不満が溜まる中、自分たちの存在を否定された若い青年将校たちは悩み始め、現体制の変革を求める昭和維新運動などに参画することになっていくのである。

こうした中、二九年に世界恐慌が起き、大量の失業者が発生し、世界中の資本主義国家は危機的な状況に陥った。最も衝撃を受けたのがドイツのワイマール共和国であり、ドイツ共産党とナチ党という左右両翼の急進主義が台頭、結局ヒトラーの制覇を招くことになる。

日本でも農村部では娘が身売りを強いられるような惨状となった。これにより〝このままでは日本は衰亡あるのみ〟〝一挙的現状打破〟という声が強まり、やはり左右両翼の急進主義が台頭する。安定して確固とした自由で民主主義的な議会政治が存在しないと、世界恐慌のような事態となれば、急進主義の伸長を防ぐことが極めて難しくなるのである。

さらに二〇～三〇年代にかけて、日本では特に青年インテリを中心にしてマルクス主義が広く普及していたことも重要であった。三三年に日本共産党幹部の大転向が起きマルクス主義の社会運動は衰退し始めるが、財閥が存在し大きな社会的格差があった当時、格差是正を求める「平等主義」の考え方は社会に根付き、以後も影響力を発揮することになる。重要なのは、マルクス主義の社会運動が衰退した後も、社会変革を掲げた平等主義は五・一五事件（三二年）や二・二六事件（三六年）を引き起こした超国家主義運動に引き継がれていったことである。当時の取り締まり当局は「左右紙一重」と言っている。

†国外危機の起源――満州問題、国内に浸透する平等主義

次に国際関係的背景について見ていこう。当時の日本を取り巻く国際情勢の中で最も重要なのは、中国との満州をめぐる対立である。日本が直面した国際的な危機すべての〝起源〟はここにあるとも言えよう。

日露戦争の結果、中国の遼東半島と南満州鉄道（満鉄）の周辺地域が日本の権益となり、三一年時点で、満州には日本人が約二三万人暮らしていた。だが、第一次世界大戦後に民族自決権が世界的趨勢になり、中国では当然のように反帝国主義運動が活発化する。日本の満州権益はその標的となり、「日本人は日本に帰れ」とする激しい日本人排撃運動が起きる。

重光葵

日本からすれば、満州の権益は当時の国際法で認められた当然の権利である。さらに二三万人の在満邦人は、満鉄勤務者やエリート官吏などを除くと大部分が日本に帰る場所などがない人たちだった。重光葵《しげみつまもる》など権益を率先して返還して問題を解決しようとする外交官などもいたが、在満邦人の状況を目の当たりにした関東軍の急進派が三一年、ついに満州事変を引き起こすことになる。

その背景には次のようなこともあった。この時期、満州ではソ連の進出が顕在化していたのである。二九年、満州を走る中東鉄道の経営をめぐって中国とソ連との対立が激化し、結局戦争となる。強力な赤軍を前に中国軍は惨敗し、ソ連は権益を確保・拡大した。これが関東軍を非常に刺激した。つまり、「権益は実力で守る」という意識を与えたと同時に、ソ連が満州に大きく進出してきたということで警戒感を非常に高めてしまったのである。

西の中ソと対立する中で、日本は米英、特に東の米国とも対立していく。ワシントン軍縮条約（二二年）とロンドン軍縮条約（三〇年）により、日本海軍の規模は米英に対し小さく制限され（現在から見れば国力に比し合理的なのだが、特に後者には海軍の強硬派と野党が強力に反対した）、さらに二四年には、米国で日本人移民を禁止する差別的な排日移民法が成立した。それらにより世論に根付いた対米不信は、太平洋戦争に突き進むプロセスの中で、ボディーブローのように効いてくることになる。

とはいえ日本政府は、しばらくは米英との友好関係を重視する姿勢を維持していたのだが、満州事変から日中戦争へと戦争が拡大すると、三八年には近衛文麿内閣が「東亜新秩序声明」を出すことになる。これは、日本政府の方針としてアジア重視を第一の外交方針とすることを初めて示したものであり、明治以来の対米英関係重視の外交方針から決別することを意味したものであった。

どうしてこうなったのか。

当時、アジアのほぼ全体が米英仏蘭といった欧米諸国の植民地であった。そのような状況下で、すでに述べたように三〇～四〇年代、圧迫されていた軍人、特に青年将校の間で平等主義的変革の思想が広まっていき、彼らの行った五・一五事件の裁判などでそれは国民の間に広汎化していった。

すなわち、国内的には平等な社会変革を行い弱者隷属階級である貧困層を、国際的には植民地支配からアジアという弱者隷属階級を、それぞれ解放しなければならないという考えが高い正当性を持つと思われるようになったのである。

そのためには、国外の「植民地支配特権大国」である英米、国内の「財閥等特権階級」と結びついた天皇周辺の親英米的元老・重臣らの双方を倒さねばならないということになる。これは、日本における親英米派の存在を極めて難しい立場に追いやるものであった。そして、またそれは太平洋戦争に結びつく非常に強力なイデオロギーであった。当時の考え方からすると、太平洋戦争は、平等主義による〝正しい考え方による正しい戦争〟なのであった。

†政党政治への失望と「清新で中立的なもの」への待望

第3章で述べたように、一九二五年には、二五歳以上の男性限定ではあるが、普通平等選挙制度が実現した。わかりやすく言い換えると、国会議員は絶えず選挙民の「ご機嫌伺い」の必要に迫られる時代となったのである。

この中で、政治による天皇の「悪用」が目立ってくる。たとえば前述した朴烈《パクヨル》怪写真事件。二六年、大正天皇と皇太子の襲撃を企てたとして大逆罪で収監されていた朝鮮人無政府主義者の朴烈が、獄中で愛人と抱き合っている写真が流出し、これをマスメディアが扇動、内閣の責任が問題となった。

この事件は、ヴィジュアルメディアの重要性とともに、当時の政党人たちに「相手の攻撃には天皇を利用するのが効果的だ」という悪い教訓を知らしめた。普通平等選挙制下の国民に対しては、複雑な政策議論よりも、天皇を利用して扇動・攻撃するほうが効果的だというわけである。三〇年のロンドン海軍軍縮条約に調印した政府に対し、野党が天皇の統帥権への干犯だと攻撃したのもこの流れを汲むものである。これが天皇機関説事件など次々に繰り返され「天皇渇仰」ムードが生まれ、そこから近衛ブームも生まれることになる。

さらに政党政治の弊害、「党弊」が浮き彫りになってくる。二七年以降、立憲政友会と立憲民政党の二大政党制となるが、「官僚の政党化」が起き、どちらを支持するかで社会が二分されることになった。政権与党になると、官僚を次々に取り替えるということが行われだしたのである。

たとえば、全国の知事は当時内務省の任命であったが、野党が与党になると、前の与党の知事を大幅に入れ替えた。警察署長も対象になり、さらに、実際の選挙は派出所の巡査が取り締まりに関与するわけだから、巡査まで入れ替えられた。ある県では、派出所が二つあり、たとえば政友会が選挙に勝てば、民政党系の派出所は閉鎖される、といった今では信じられないようなことが行われたのである。

国会は乱闘が日常茶飯事になり、反対党の議員の登院を妨害すべく、途中の道で襲撃するというような事件まで起きた。

そうすると国民は政党政治に辟易してくる。そのようななかで起きたのが五・一五事件や二・二六事件であった。五・一五事件が典型だが、「清新な青年将校」が「腐敗堕落した政党政治の代表」犬養毅首相を殺害し、日本銀行と三菱銀行を爆弾で襲い、政友会本部を襲撃した、という構図に国民からは見えたのである。

裁判では、青年将校は日本国中から喝采を浴びることになる。警察でも三五年、「我々は政党の警察官ではなく、天皇陛下の警察官だ」と、中立性を強調する動きが現れる。

「党利党略しか考えられない政党政治」への失望と、清新で中立的なものへの待望が、国民の間に高まっていったのである。それは悪徳の財閥・政治家を襲撃した正しい青年将校、腐敗してない軍隊・警察・官僚、そしてその最大のものは「天皇」ということになる。

†「バスに乗り遅れるな」——戦争の道へ煽るメディア

一方、この時期の政治家として大きな役割を果たすことになるのが、満州事変後、国際連盟に全権として派遣された松岡洋右《ようすけ》である。満州国を認めない連盟の勧告に対し、松岡は脱退で応えたが、日本政府が最初松岡に与えた訓令は、脱退ではなかった。元老・西園寺公望はじめ当時の政府中枢の方針は、「頬かむり論」——国際連盟の規約には、新しい軍事行動をとらない限り罰則はないから無視して放っておく——であった。

事実、イタリアのエチオピア侵攻(三五〜三六年)の際、イタリアはいくつかの経緯があるが結局罰せられていない。英仏はヒトラーに対抗するため、イタリアと協調する必要があり、ドイツの再軍備に対しイタリアとともにストレーザ戦線(三五年)を結成したように、それは国際政治の関数というところがあるのだ。

同じように、ナチスドイツとポーランドを分割したソ連はフィンランドに侵攻し、三九年には国際連盟を〝除名〟されているが、第二次大戦後に国際連合が設立された際には戦勝国であったゆえ、常任理事国（現在はロシアとして）になっている。

加えて、リットン調査団の報告書を丁寧に読めば、相当に日本に同情的な内容であることがわかるが、日本の世論は「国際連盟を許すな、脱退しろ」と激昂し、結局松岡は脱退することになるのである。

松岡は連盟総会後、約一カ月間、米国を旅行して帰国したが、彼を迎えた日本は〝大歓迎ムード〟だった。

こうして、世論は太平洋戦争への道を歩んでいくが、その中でメディアが大きな役割を果たしたことは間違いないところである。二五年、後にＮＨＫとなる東京放送局がラジオ放送を始める。蓄音機の録音もほぼこの時期に電気式になり、大量のプレスが可能になった。映画に音が付き始めたのもこの少し後だ。

そして、新聞業界でも同時期に革新が起き、写真電送装置（ファクシミリ）が普及し始める。満州事変により、これまで肩身の狭かった軍人が、苦しんでいる満州の日本人を救った救世主のような扱いを受け始めるが、その空気の醸成に一役買ったのが新聞だった。写真電送装置で満州現地の写真を短時間で手に入れ、大特集を組み、部数を伸ばしていった

眞日本の姿へ！けふ大政翼賛會發會式

讀賣新聞 夕刊

近衛總裁烈々の氣魄
「綱領宣言無用 臣道實踐に盡く 前途の波瀾怒濤斷じて突破」

國家奉仕の態勢整備

翼贊運動本質に立脚

「全國民の運動！」
歴史的發足の日

徹底した臣道觀
近衛公の勇斷に基く

米又も對日禁輸强化
兵器、工作機械徴發

ソ聯には輸出許可

翼賛会発会式を報じる読売新聞（1940年10月13日付夕刊）

のである。国際連盟脱退の際にも、新聞社は一〇〇社以上の連名で国際連盟を批判し、NHKは国際連盟を糾弾する国民大会を放送している。

　こうした積み重ねの上で、前述の通り三七年に近衛文麿が首相になる。当時四五歳と若く、公家の出身であるため「腐敗堕落した政党政治」と無縁という印象を与え、特に女性に人気があった。

だが「大衆の人気」を基盤とする近衛は、世論の意向をうかがわざるを得ず、それに背くことはできなかった。たとえば、三七年、日中戦争が拡大するなかで、ドイツの中国大使の仲介で和平交渉が行われる(トラウトマン和平工作)が、首都南京まで陥落させたのに無賠償では、国民・議会・新聞の支持を得られないということで、和平交渉はまとまらなかった。

そして四〇年、ヒトラーの電撃攻勢でフランスが降伏すると、欧州では独伊による新秩序が作られつつあるのだから、日本はアジアで新秩序を作らねばならない、という空気が醸成されていった。新聞は「欧州・世界の最新大勢につけ」「バスに乗り遅れるな」と国民を煽る。重光葵駐英大使らが、英国は海軍力が強くドイツ海軍は弱体だから、そう簡単には屈服しないと電報を打っていたにもかかわらず、「バスに乗り遅れるな」という空気には勝てなかった。

いったん首相の座を去っていた近衛は復権し、新体制を作ることになる。この際評判の悪かった政党すべてが自ら解党し、「大政翼賛会」が出来上がるのだ。

そして近衛内閣で外務大臣に就任したのが、松岡であった。松岡は海軍が反対していた日独伊三国同盟や日ソ中立条約を結び、日独伊ソ四国同盟を基礎に日米関係を再構築するつもりだったと見られているが、四国同盟の現実性はなく三国同盟が対米関係にどのような効果を発揮するかの判断も誤っていた。そして、さらに国民的人気を背景に松岡内閣まで夢想していたが、それだけの政治的地盤はなく、誇大妄想に過ぎなかった。

近衛は日米交渉をまとめるため、総辞職して松岡を追い出すが、もはや日米戦争回避のための大きな方針転換は極めて難しくなっていた。

日ソ中立条約に調印する松岡洋右（手前）とスターリン（右後ろ）

自由主義・議会制民主主義の重要性

以上を、国内的視点と国際的視点に整理してまとめていこう。

まず、国内的視点からいうと、軍人の取り扱いの重要性ということがあり、その社会的地位と評価をいつも適切なものにしておく必要があるだろう。それは安定した政軍関係の構築につながる。

次に、普通選挙と二大政党政治の実現が及ぼした効果が実に大きかったことがわかる。それは、マスメディアによるイメージ政治、劇場型政治を招いた上、「党弊」と言われる様々な腐敗・「官僚の政党化」を結果し、清新で中立的なものへの待望から軍隊・警察・官僚などへの期待が高まった。大政翼賛会の「出たい人より出したい人」は戦後の「支持政党なし」多数という選挙世論につながる。そして、天皇利用の恒常化は、中立的なものへの待望とともに昭和十年代の「天皇（近衛）渇仰」ムードを招いた。

また、大正期以来の平等主義の台頭・普及は世界恐慌でさらに加速、平等主義的急進主義は、マルクス主義から超国家主義、革新官僚に受けつがれ肥大化していく。

なお、本章では触れなかった、野党（無産政党）とマスメディア・知識人の結合については第3章を見られたい。

国際的視点としては、①対中ソ関係としては、満州問題が中ソ戦争を経て満州事変（日中戦争）へと日中関係を悪くし、②対米英関係としては、軍縮条約、排日移民法を経てこれまた日米英関係を悪化させたプロセスを見た。後者は一九三八年の東亜新秩序声明というアジア主義の路線となり、結局米中との戦争という最悪の選択につながる。

その背後にあったのが、国際問題におけるポピュリズムであり、それと相即に存在したのが現実的国際政治観の未成熟であった。その典型が国際連盟脱退と近衛新体制前後の「欧州・世界の最新大勢」「バスに乗り遅れるな」ムードであった。後者についてはさらに終章で触れる。

以上をまとめると、マスメディアとポピュリズムの結合が一つの大きな問題点だが、もう一つが国際的・国内的平等主義の結合とその強力性ということであった。「植民地支配特権大国」英米と国内の「財閥等特権階級」＝天皇周辺の親英米的元老・重臣をともに打破・革新すべきだという二重の平等主義ほど抵抗しがたいものはなかったのである。そして、そのかなりの部分は当時の世界的潮流でもあった。

反対意見を尊重する自由な議会制民主主義は、漸進的に物事を変えていくことを基軸にしているので、優柔不断に見え時間がかかることが多いため、三〇年代には、決断の下しやすいドイツ・イタリア・ソ連などの平等主義的全体主義体制が世界的に賞賛された面があったのである。今日のコロナ禍への対応でも、世界的に権威主義体制が脚光を浴びた面があったと言えるであろう。言うまでもなくこれは極めて危険であるが、こうした意味での平等主義志向が日本では今に至るまで一貫して極めて強いことも事実である。

「一九三〇年代の危機」から学ぶべきことは、何よりも、平等主義的全体主義に幻惑されることなく、自由主義・議会制民主主義の欠陥を是正しつつ前進させていくことといえよう。

終章　ポピュリズム型同調社会と政治的リーダーの形成

†同調社会と日本文化論

　コロナ禍によってあらためて浮かび上がってきたのが、日本社会は下からの同調的圧力の強い社会だということである。日本社会はどうして学校でも職場でも、突出した個人を嫌う、かくも同調圧力の強い社会になってしまったのだろうか。

　現代日本社会は良いリーダー的人材を養成しにくい社会だと言われることがあるが、それはこのことの裏返しであろう。したがって、優れたリーダー的人材の養成のためにも、このメカニズムが明らかにされねばならないのである。

　ところがこの議論は案外に手薄である。たとえば「格差社会論」というものがあるが、これは典型的な二項対立図式の議論だから、社会の同質性の側面の分析はどうしても弱くなってしまう。もっと端的にいえば、格差社会論ではこの問題に歯が立たないのである。

世界的に見て巨大ＩＴ企業側とそうでない側の対比は明白だから格差社会論的なものが無効だというわけではないが、それにしてもそうした二項対立論では同調社会の分析が弱くなるのは否定できないであろう。

そして、おそらくその奥には近年の日本文化論・日本社会論の停滞ということがあるだろう。さんざんこうした議論の無効性を主張していた一部のマスメディア・論者の中から日本過剰同調社会論を聞かされたときの違和感は大きいものがあった。日本文化論・日本社会論が有効であってこそ、日本が過剰な同調社会であることの原因を追究する議論が成り立つのであるから。本稿はその立て直しの一歩のつもりである。

前置きはこのくらいにして本題に入ることにしよう。

これまでの各章の考察からもうかがえると思うが、現代日本が抱えている問題は、何事であれ原理的には一九二〇〜三〇年代の両大戦間期に出尽くしているというのが私の基本的な考え方である。この時期に日本は大衆社会に入り始め、今もそれが続いていると考えられるからである。

したがって現代日本社会の問題を原理的に考えるにあたっては、一九二〇〜三〇年代の考察を入念に行ったほうがよいわけである。その頃にでき上がった原型が様々なヴァリエーションを伴って繰り返し現れてくるのだから、ヴァリエーションに目を奪われている暇があったら原型のほうをよく考察しておくに限るだろう。

そうすると、この時期に進行した初期的大衆社会化とはどのようなものであったのかが問題になってくる。その最も重要な特質が、現代日本の同調圧力の極めて強い社会を作っていったと思われるからである。

この時期、最後は戦争となり、戦時体制の社会となるのだから、それは当然のことのように思われるかもしれない。しかし、戦争による上からの統制によって同調型社会がより強固になるのは本格的総力戦としての太平洋戦争が始まってからなのであり（それも実はかなり脆弱なことは第4章等で述べた）、問題はそれ以前の相対的に自由で平和な社会状態の中から同調型社会がいわば「下から」成立してくるプロセスのほうにある。上から強制的に作られたものより自生的なもののほうが強固なものとなり永続化するからである。

したがって以下の考察の中心はそうした方向からのこの時代の分析ということになるが、その前提としてそれ以前の社会との関係について簡単に触れておかねばならないだろう。

†農村から都市への同調型体質の転移

日本人が持った農村を基底にする社会秩序が自然村的秩序と言われるものであることは、今さら説明するまでもないだろう。

そして、この両大戦間期の間に急速に進んだ都市化の中で、都会に移り住んだ多くの日本人が都会に作った組織中の人間関係が自然村的秩序の転移としての擬制村的秩序＝「第二のムラ」というべきものであったことはすでに神島二郎が明らかにしたところである。自然村的秩序の特質は、稲作や祭りへの参与などを通して形成される情動的連鎖反応を軸とした共同性にあった。物事の決め方としては、それは全員一致方式となることが多い。リーダー的人間というのも、その場の融合と感動の「音頭をとる」共同体員の気持ちの「表現者」であった（神島二郎『近代日本の精神構造』岩波書店、一九六一年参照。最近の優れた日本農村史研究者松沢裕作も神島の研究をこの方面の研究の「古典」としている。ただし、具体的分析などに関して批判も行っている。松沢裕作「日本近代村落論の課題」『三田学会雑誌』一〇八巻四号、二〇一六年一月参照）。

柳田国男が日本の農村を通して日本社会の特質を真正面から論じたものは多くないのだ

が、この点については「いつでもあの人たちにまかせておけば、われわれのために悪いようなことはしてくれないだろうということから出発して、それとなく世の中の大勢をながめておって、皆が進む方向についていきさえすれば安全だという考えが非常に強かった。いってみれば、魚や渡り鳥のように、群れに従う性質の非常に強い国なのである」（「日本人とは」柳田国男編『日本人』毎日新聞社、一九五四年）と言っている。

また、柳田は敗戦後（一九四九年）次のようなことも指摘している。「一ばんいけなかったことは、（中略）あまり無造作に承認してしまって、彼も是も成行きだ不可抗力だと見切りをつけ、出来るならば自分一人だけ、都合のよい方へまわろうと努力する、この大勢順応主義こそは、今に始まらぬ田舎人の病である」（『柳田国男全集』三一、筑摩書房、二〇〇四年。この点、室井康成『事大主義』中公新書、二〇一九年は参考となる）。

神島二郎

「情動的連鎖反応を軸とした共同性」「全員一致方式」「世の中の大勢」「皆が進む方向についていきさえすれば安全」として「群れに従う性質」「都合のよい方へまわろうと」する「大勢順応主義」などが、日本の自然村的秩序いわば「第一のムラ」を特徴づけるものなのであった。

そして、神島によるとこの「原理」がそのまま「第二のムラ」にも持ち込まれたという。詳細は神島著を見てもらうしかないが、日本人が大衆社会の形成プロセスで作った人間関係は、学校であれ会社であれ政党であれ基本的に農村的共同体と同質のものだったというわけである。それが同調型体質を強くもっていることは当然のこととも言えよう。そこでは村と同じように秩序に服さないものは「村八分」とされるのであり、「いじめ」にもこの要素が強く、会社や大学などの近代的組織ですら廻状のようなものが回るなど、同調型体質は現代でもよくみられるだろう。

この点を、逆の方向から照射すると、この時期、日本の資本主義を倒そうとする左翼の運動が活発となるが、この運動体の「鉄の規律」が農村共同体的なそれであった、ということがある。つとに磯田光一が指摘しているところであるが、都会に出てきた旧制高校生・大学生（もと農村の若者）が強固な組織体を作ろうとすると、モデルとなるものは農村共同体しかなかったというのである（磯田光一『思想としての東京』国文社、一九八九年参照）。

以来、日本の左翼のかなりの部分はこうした体質を引きずることになる。ちょうど、（最近はあまり見なくなったが）反体制のための激しい示威行進（ジグザグ・デモ）が、日本の祭りのおみこしをかつぐ行進（ワッショイ・ワッショイ）を継承した日本的なものであったことにそれは類比されるであろう（井上義和「スネーク・ダンスのテクノロジー――街頭を覚醒させる土着的身体」佐藤卓己編『戦後世論のメディア社会学』柏書房、二〇〇三年参照）。

古い社会を変革しようとする「近代的集団」にしてこれなのだから、体制的集団が農村共同体的なものになるのは、ある意味では当然のことだったといえるかもしれない。

†「バスに乗り遅れるな」

さて、こうした形で社会の基底的構造ができ上がっているところに、この時期のマスメディアの普及が覆いかぶさっていった。マスメディアこそ同一の情報の一挙的大量拡散によって社会を均質化する最大のツールなのだが、この時期の新聞・ラジオ・（ニュース）映画、雑誌、書籍、レコード等の爆発的普及についてはもはや常識化しているので説明の必要はないであろう。現在、専門的研究はもっと微細化した段階に入りつつあるといってもよい。

デイヴィッド・リースマンがそのアメリカ系大衆社会論の古典『孤独な群衆』（加藤秀俊訳、みすず書房、一九七八年）で言ったように、マスメディアが発達した大衆社会では、従来の伝統志向型とも内部志向型とも異なる他者（外部）志向型の人間が大量に生み出される。「流行」に敏感でたえずそれに乗り遅れないようにと努める人々、商品広告に容易に踊らされる人々、人気があるとされるものに無批判に飛びつく人々である。

そして、こうした「流行」や「人気」の影響を最も受けやすい領域の一つが政治の領域であった。既述の通り、一九二五年から普通選挙制が採用され、この時期、大衆の政治参加は急速に拡大していった。マスメディアの発達と大衆の政治参加とは並行して進行していったのである。もともと選挙というものに政策選択という本来の目的以上に人物に対する人気投票的側面が濃厚にあり、それが一挙に大衆化したのだから、そうした色彩が色濃くなるのをまぬがれることは難しかったであろう。普通選挙を、（トクヴィルの言う）大衆による「専制」の嚆矢《こうし》だとまでするのは言い過ぎだとしても、それが大衆の「支配」的傾向を強化するものであることは間違いないだろう（エミール・レーデラー『大衆の国家』、ウィリアム・コーンハウザー『大衆社会の政治』ともに東京創元社、一九六一年）。日本においては普通選挙とは「候補者が選挙人に平身低頭して、衆議院議員に立身出世させて貰ふもの」（茅《かや》原華山《はらかざん》の言葉、神島前掲書、二一四頁）なのであった。

こうして、農村に伝統的共同体があり、都会に「第二の農村的共同体」が作られているところに、マスメディアの発達と大衆の政治参加とが接合されていった。同調型圧力が最も強い社会的状態が現出していったのである。

それは、リーダーシップの発揮にとって最も難しい社会状態が発現したということでもある。これだけ強い下からの同調主義圧力に抗してリーダーシップを発揮するというのは至難の業となろう。そこでのリーダーとは、マクロに言えば共同体員の気持ちの「表現者」であり「音頭とり」として「担がれる人」に過ぎないのであるから。

さて、次に注意を促したいのが、こうした同調主義的体質の社会が、とりわけ一挙的に政治的に自らを完成させたのが一九四〇年の近衛新体制・大政翼賛会成立であったということである。

それまでは、曲がりなりにも政党というものがあり、したがって「対立」というものがあったのに、この時点ですべての政党が解散し、大政翼賛会というものが成立したのである。その場合、重要なことは（よくここが誤解されているようだが）、政党の解散は自発的に行われたのであり、決して上からの強制によって行われたのではないということである。強制ではなく、「バスに乗り遅れるな」として政友会など明治からの歴史をもっていた政党も含めてすべての政党が次々に自ら解党していったのである。その後はもう、大政翼賛会ができなければ困るといった状態となっていたのであった。

そして、この「バスに乗り遅れるな」こそこの時代の同調主義圧力を象徴する言葉であり、日本の大衆社会性を代表する言葉であった。この言葉こそ、この年大政翼賛会を成立させ、日独伊三国同盟を締結させ、日本を決定的に太平洋戦争の方向に向けさせた事態を象徴するキータームなのであった。

東京都民による日独伊三国同盟祝賀提灯行列

†ナチスの電撃戦に熱狂した大衆

この一九四〇年の「バスに乗り遅れるな」現象は、これまでも採り上げてきたが、今日この言葉を肯定的に使う政治家さえいることからも知られるように、その内実はよく理解されていないのでここでもう一度、以上の文脈の中でそのポイントを再検討していくことにしたいと思う。同調型社会成立の基軸はどこにあったのか。

一九四〇年一月、親英米派の重臣湯浅倉平内大臣のイニシアティブのもと米内光政内閣が成立する。近衛文麿枢密院議長は革新派に近いと見られ外されていた。二月、斎藤隆夫議員が日中戦争批判を行い除名される。この斎藤批判の中から、聖戦貫徹議員連盟ができ、新しい政治体制を求める動きが始まった。

その後、近衛を中心とした新党運動が始まり、それは春から夏にかけて政界全体を動かす大きなうねりとなっていった。同じ頃、四月からナチス・ドイツの電撃戦が始まりヨーロッパ大陸全体をナチス・ドイツが制圧していくことになる。あたかもこれと連動するかのように近衛とその周辺の動きは活発になり、近衛が枢密院議長を辞し、周辺が新体制に向けた運動を始める。するともう勢いは止まらなくなっていった。七月、畑陸相が辞職し後任を得られず米内光政内閣は総辞職。近衛内閣が成立することになる。そしてこの後、事態は三国同盟・大政翼賛会・近衛新体制へと続いていくのである。

こうして見ると、米内内閣は畑陸相の辞職のために倒れたように見えるが、「それはむろん主な理由ではない。欧州におけるナチス・ドイツの一時的な成功に幻惑され、ヒトラーの〝バスに乗りおくれるな〟と、いわゆる東亜新秩序を一気に実現しようとするファッショ的風潮が、一時に堰を切って流れだしたためであると見るべきであろう。」（実松譲

『新版米内光政』光人社、一九七一年、五一頁）

また外務省情報部長であった須磨弥吉郎《すまやきちろう》は次のように書いている。

石渡《いしわた》書記官長の筆になる悲壮な退陣声明書が出された。米内内閣は崩壊した。部内の不統一のために退陣すると率直に陳べた。

その後には、新体制で待っていた近衛内閣が生れるのだが、組閣に先立って、松岡、東条、吉田の三人がまず枢軸参加の下相談をした。意見が一致したと発表された。それゆえ、この内閣は早急に枢軸に入るのだと知られた。

こうしてみると、米内内閣の倒れたのも、近衛内閣の生れたのも、ヒトラーの戦運が物凄い勢で開けて行く時に際しては、日本は躊躇なく枢軸側につかねばならぬという外交理念に依ったのだ。

このように明瞭に日本の外交上の転換が推進されたのは、海外事情が内政に及ぼす影響の一場面とも考えられぬことはないが、それよりも日本内政の脆弱性と浮動性とに帰せねばなるまい。（須磨弥吉郎『外交秘録』商工財務研究会、一九五六年、一八一～一八二頁。なお右の文章中の「下相談」＝「荻窪会談」での「枢軸参加」決定は正確には「枢軸強化」決

定である）

さらに、陸軍省の武藤章軍務局長と親しかった国策研究会の矢次一夫《やつぎかずお》は次のように回想している。

近衛の新党構想が、二転し三転している間に、パリが落ち、イタリアが参戦し、イギリスが、ダンケルクの悲劇で四苦八苦して、明日にも独軍の対英上陸ができそうだ、という欧州大戦の発展は、連日の新聞紙上、日本国内にまで、一大戦勝ムードを作り上げた。日本人の常として、忽ちこのムードに酔い、昂奮したり、熱狂して、「バスに乗りおくれるな」という叫びが、いたるところで、わめき立てられた。（中略）独軍の対英上陸作戦の可能性は、みな、手に汗を握る思いで、今日か、明日か、と固唾を呑んでいた。こうした激動する状況の中で、西園寺が、いかにヒットラーが豪くとも、十（年）、五年つづくか、続かぬかの問題だ。ナポレオンでもできないことであった。いま、ドイツは、百年前の情況を繰り返している様だ。まだまだ前途は、わからぬ、といっていたことが、「原田日記」（六月十七日）にのっており、さすがは西園寺と、いまにして思うけれども、当時駐英大使であった重光や、大使館付武官であった辰巳栄一大佐が、独軍の上陸作戦は、制空権をもっていないとか、チャーチル首相の強力な抗戦計画などを理由に、不可能に近いことを打電して来ていたのを、武藤が読んで、情勢は慎重に見るべきことを、語っていたのが思い出される。
しかし、このような達見の士は、極く少数であり、沸き立っている大衆の耳からは遠く、かすかであった。日本人の常として、急進論や、強硬論が、それも大声で、極端に勇ましいほど、大衆に喜ばれ、これを批判したり、水を掛けるようなことを言うものは、袋叩きに会うのである。（中略）
武藤も、軍務局長として、政府と軍部との連絡役という立場で、いろいろと調整に努めてはいた。しかし、ドイツ大勝に煽られ、バスに乗りおくれるな、という大衆の昂奮や、参謀本部将校団の焦燥感とが、相乗作用を起こすし、沸き立つような「反米内」の風潮の中で、次第に戸惑いを見せていた。（矢次一夫『昭和動乱私史 下』経済往来社、一九七三年、一九〇〜一九六頁）

陸軍随一の政治幕僚武藤章軍務局長ですら「バスに乗りおくれるな、という大衆の昂奮」の中で「戸惑いを見せていた」のである。

†マスメディアが煽った強硬論

ここで、やや紙幅を取って確認・強調しておきたいのは、当時のマスメディアと政府や軍との関係の問題である。戦後ずっと意識的に作られ今日に至るまで続いている誤解として次のようなことがある。それは、マスメディアの報道が、政府や軍の強制によるものだという理解である。もちろんそういう面もなかったわけではないが、実態は決してそうとはいえないことはいくつもの事例で検証できる。マスメディアが、政府や軍を強硬論で引っ張っていったという面のほうが強いというのが真実なのである。この点は重要だから例を挙げて確認・強調しておこう。

有田八郎外務大臣が、昭和一五（一九四〇）年六月二九日に、枢軸側につくべきだという「世論」に与せぬ外交方針のラジオ放送演説「国際情勢と帝国の立場」を行い、その後それに関わる新聞報道から陸軍との間でもめた有田放送問題ということが、この時期に起きた。

まず、陸海外務各省打ち合わせ会では外務省原案に枢軸提携が明記されていたのに陸海軍の主張で修正されたという報道が放送後、東京日日と読売によりなされた。これは誤報であったが、これでは弱腰とみられるとして陸軍が怒っているという話が持ち上がり須磨弥吉郎外務省情報部長が憲兵隊に呼ばれるという事態が発生した。

しかし、誤報とわかり、須磨は遺憾の意を表明、外相も須磨を戒め、陸相は憲兵隊に須磨の出頭を求めたことを外相に詫びるということで「終結」を告げる共同声明が発表された。

こうしてこの問題は、陸軍と外務省との間で喧嘩両成敗的な穏便な解決でまとまったと見られていたが、わざわざ共同発表以上のことは「何も云うなと申渡し」をしておいた畑陸相は新聞発表を見て驚かされた。両者で決めた新聞発表の協定以外に一方的に、陸軍省側の言い分が載っており、外相が遺憾の意を表したとか陳謝したといった類のことが掲載されていたからである。軍務局の担当者を呼び出して聞いたところ、次のような説明であった。

其内情を聞けば新聞記者に発表したるに、記者は喧々《けんけん》囂々《ごうごう》之を以て妥協なりとし、或は陸軍の屈服なりとし、このまゝ放置する時は何をかくか分らぬ故、却つて悪結果を来すべしと考慮したるを以て、大体の方向を示すため談話したるものを各社が発表したるものなり、外相の遺憾或は陳謝の如きことは云はず（『陸軍 畑俊六日誌』続・現代史資料4、みすず書房、二〇〇四年、二六五頁）

陸軍省の軍人よりも担当の新聞記者のほうが「喧々囂々之を以て妥協なりとし、或は陸軍の屈服なりとし」、「何をかくか分らぬ故」、「談話」には存在しなかった「外相の遺憾或は陳謝の如きこと」まで作り出したのである。強硬論で世論をリードしていたのは新聞のほうであった。

また、元老西園寺公望の側近であった原田熊雄も同じ頃の出来事を次のように伝えている。

自分の所に新聞記者がしきりに訪ねて来て、有田や内閣の悪口をさかんに言ふから、大体黙つてきいてをつたけれども、あんまりひどいところは「まあ、さうひどい人ではあるまい。内閣もさうたやすく倒れやしまい」と言つたのが非常に祟つて、「軍部の一部でも君の態度を憤慨してゐるから、政府を露骨に庇ふことはやめた方がいい」

といふ注意が石渡書記官長からあつた。自分は必ずしも積極的に庇ふやうなことはしないけれども、あんまり馬鹿々々しいデマだとそれを打消すやうなことが、結局結果において、政府を庇ふやうな形になるといふことが彼等の憤慨を招いた所以だと思ふ。あんまりうるさいから、自分は二三日大磯に行かうと思つて三日に出かけた。(前掲『西園寺公と政局』第八巻、岩波書店、一九五二年、二八〇頁)

新聞記者が外相や内閣の「悪口をさかんに言」い、それを肯定せず「あんまりひどいところは」庇う発言をすると、彼らは軍に発言を注進し、内閣書記官長から「注意」されることになったというのである。新聞記者が陸軍をたきつけ英米派の元老・重臣・内閣・外務省攻撃を強化しているのである。

こうしたマスメディアの優越性・扇動性が当時の政府、軍、マスメディア関係の実相であったことは同調社会形成の理解においては忘れてはならない。政府など「上」より新聞など民間「下」からそれは作られたのである。

†「世界情勢の大変革」認識

以上で、「バスに乗り遅れるな」現象とはどのようなものであったかは、理解していただけたものと思われる。さて、この「バスに乗り遅れるな」現象の中から、何を同調社会化の特質として見つけ出すことができるのだろうか。一つだけ確実に言えることは、上の事例から見られるようにこの時期の急激な変化が「世界大変革の現実」「世界情勢の急展開」という認識・言説によってひき起こされているということである。

この認識・言説がなく、近衛の新党運動の動きだけがあったのでは米内内閣は倒れなかったであろうし、全政党の解消も大政翼賛会も生じなかったであろう。すでに著したように近衛新党の動きは「奇妙に」こうした言説に助けられながら、拡大の一途を辿っていったのだった。

そして、その場合、「世界情勢」の「大変革」「急展開」といってもその実質は「ヨーロッパ戦局の急速なる進展」であり、イコール「ヒトラーの〝バスに乗りおくれるな〟」ということとなのであった。

七月一三日に朝日新聞記事「大転換必至の我が外交　日独伊提携・現状打破外交へ」が出たが、その主要部分は次のようなものであった。長文となるが重要なので引用しておきたい。

現在の帝国外交を左右するものは日本独自の存立ならびに民族発展の必然的欲求と「ドイツが圧倒的に勝った」という客観的事態とがあるのみである、〔中略〕全体主義的独裁王であるヒットラー総統の軍事、経済、外交を総纏《まと》めにした戦争遂行の方式――これこそ世界の各国に最も大きな暗示と覚醒とを与えているといっても決して過言ではない〔中略〕旧来の対英米依存外交の思想とその残滓はここに完全に揚棄《ようき》され、帝国外交は世界大変革の現実の前に急速なる大転換を断行する必要に迫られている、かかる帝国外交転換の実現に直面しては従来の親英米論者と英米依存主義者の発言が迫力のないものとなるであろうことは、これまた運命の必然であろう〔中略〕

独伊の欧洲大陸における盟主的立場はいよいよ確立せんとしている、東亜の安定勢力としての盟主をもって任ずる日本が今後の外交を推進するに当って没落国家群を対象の重点とするわけに行かず新興国家群を対象の重要部門として選ばねばならぬことは甚だ明瞭であろう〔中略〕

これを要するに帝国外交は今や東亜自主の根本方針を枢軸として目まぐるしい展開を示し来らんとしている、帝国の「不介入方針」が洞ケ峠《ほらがとうげ》の外交と誤解された時代は既に過ぎ去った、世界大変革の大渦の真只中に、東亜の現状打破とその新秩序建設に向って長期推進せんとする日本と欧洲の再建に向って現状打破の大業に邁進しつつある独伊とが、世界新秩序偉業の前にその関係をいよいよ緊密化して行くのは必然の姿であり、転換期の帝国外交の動向は正しく東亜自主を枢軸として邁進し、それがために独伊との提携緊密化によって現状打破の方向へと移行しつつあるは決して一つの外交論でなくして、帝国外交現実の姿である。

この記事の背後には、一朝日新聞に留まらず、「ヨーロッパ戦列の急速なる進展は、今や我が英米追従外交の革命的転換を要求している」「政府は速かに対外国策を根本的に転換し積極的攻勢外交を展開すべし」「世界及び東亜新秩序建設のため日独伊枢軸を強化すべし」とする社会大衆党中央執行委員会の政府への要請書（六月二〇日決定）に典型視されるような巨大な言説世界の渦・波があった。米内内閣の「英米追従外交」をどの政党も批判し、「対外国策」の「根本的」「転換」を迫っていたのであった。

しかし、そうした渦・波を代表するこの朝日新聞記事のどこを見ても、日本がもつべき独自の外交思想・政治思想からの批判などはない。「大転換」・「現状打破の大業」を受け入れることが「客観的事態」「現実の姿」なのであるとし、世界の〝勝ち馬に乗れ〟と言っているだけなのである。

先取りして述べておくと、太平洋戦争開戦直前の日本政府・陸海統帥部の最終判断の根拠も煎じ詰めればこの〝巨大な力でヨーロッパ制圧を経てソ連にも圧勝していきつつあるドイツという勝ち馬に乗るべきだ〟ということであった（それは〝独ソ戦のドイツ勝利〟という誤った判断に基づいたものであったから嗟嘆《さたん》することになるが）。決定的瞬間に強力に作動する同調社会形成の最大の圧力装置・言説はいつも「世界情勢の急展開」に追いつけ、ということであり、その落とし所が「世界の勝ち馬に乗れ」ということなのである。

さらに言えば、「世界情勢の急展開」の認識と「世界の勝ち馬に乗れ」のセットを根幹とする志向性が続いている以上、実のところ戦前・戦中から戦後への日本人の態度の変化すら「世界情勢の大転換」の中、単に「勝ち馬」がドイツからアメリカへと変化したに過ぎないとも見なされうるのである。日本の知識人の「転向」もおおむねこれにのっとっており、この点での大衆との落差はむしろ少ない。

†「都鄙の感覚」による世界の大勢への志向

こうした「世界情勢の大変革・急展開」認識に追われる日本人の志向性の背後にある原理を、柳田国男＝神島二郎の考察を転用しつつ発展させてまとめると、次のようなことになるだろう。

柳田国男が「都鄙《とひ》の感覚」と呼んだ文化の流れに対する鋭敏な感覚が前近代社会から日本人にはあった。「第一のムラビト」には「広い世間」とくにミヤコに対する「絶大な期待」があり、都会に住む「第二のムラビト」は「世界」に向かってこのような感覚を働かせていたのである。この場合の「世界」は「たんなる社会というよりもなにか時勢とでもいうような一種の力を含んだものとして観念されている」（神島前掲書、二三三頁）。

日本の「第二のムラビト」の「大勢順応」主義の根幹の一つは「皆が進む方向についていきさえすれば安全」「都合のよい方へまわろうと……する」実利主義・身の安全志向の「勝ち馬主義」だが、もう一つが「都鄙の感覚」に根を持つ「なにか時勢とでもいうような一種の力を含んだものとして観念されている」ものの崇拝とでもいうべき志向なのである。そして、明治以後いつも最高にして最大の「時勢」は「欧米世界の最新情勢」なのであった。

大正・昭和初期のデモクラシー運動や社会主義運動も「世界の大勢」や「世界史の必然

性」という形で有力化したものであったし、したがってそれは新しい「世界の大勢」の「まにまに」「凋落する」ものでもあったのである（以上、引用は、神島前掲書、三二〜三三、七六〜七七、二〇一、二三八各頁から）。

一九四〇年の近衛新体制をめぐる巨大な動きはこの認識なしには理解不可能であろう。また、すでに述べたように、「第二のムラビト」的意識には「孤独な群衆」が充満する大衆社会状況・大衆人の意識が加わっていたので、そこには「孤立の淋しさと不安から免かれたい」という感情が強く働いていたものとも思われる。結局、一人では増すばかりとなる「孤独」や「不安」の奥には深い内面的空虚感・虚無感が存在しており、それを「世界」・「情勢」が埋めあわせていったのだとも見られよう。

したがってそこで現れる「世界」・「情勢」は、何か霊的な力をもったもののように人々を捉えることになっていたとも見られる。その意味ではそれは「人間には抗えないと見られた存在をめぐる現象」として、一種のアニミズム的現象といえるかもしれない。

こうしてみると、日本社会の同調主義はアニミズムに通ずる根深さをもっているとも言えよう。「身の安全」＝「勝ち馬に乗る」という実利主義の奥にはさらにこうした「時勢をなにか霊的力を持つようなものと視ることからくる崇拝感・畏怖感」が存在したのだった。

†政治的リーダーに必要な文明論的視野

以上が、同調社会成立の契機分析となる。これをもとに最後にさらに、こうした特性を把握しつつこれからの日本社会のあり方をポジティブに考えておくことにしたい。以上から言えることは、今後こうした事態に抗しうる人材を形成するための方向性は、「勝ち馬に乗る」という短期的な経済的視野を払拭しつつ、やみくもの「世界の大勢」論に抗し個人を無力感に誘う根深いアニミズム的宿命論を払拭しうる方向性でなければならないことになる。日本社会でこれを克服するのは容易なことではない。

しかし、無力感に陥るばかりということでもないだろう。これらに対抗するものとして求められるのは、繰り返すが短期的実利主義に屈せず、「世界情勢」に霊的力を感ずるような非合理主義に捉われない、一言でいえば長期的な文明論的視野に基づいた判断力を持ち合わせた人材の形成ということになるが、その例が存在しなかったわけではないからである。一九四〇年当時でもイギリスにいた重光葵や辰巳栄一は、決して安易なヒトラー勝利論には与していなかった。彼らは、イギリスの底力とその背後に控えているアメリカの巨大な生産力・戦力を熟知していたからである。

斎藤隆夫

また日本国内にも、すでに見たようにヒトラーにナポレオンとの類似性を見た西園寺公望や議会で軍部を批判した斎藤隆夫のような人もいたのである。彼らこそ真の「世界情勢」をよく知っていた人々だといえよう。

こうした長期的な文明論的視野をもった人材育成の具体的方途は別の機会にあらためて考えることにして、最後にこの時期に議会で一人同調主義と戦い議会制民主主義を主張し通した斎藤隆夫の言葉を引用してしめくくりとしたい。すでに筆者と同じ認識を持っており、筆者が主張したいことと同じことを当時言っているように思われるからである。

元来我が国民にはややもすれば外国思想の影響を受け易い分子があるのであります、ヨーロッパ戦争（第一次世界大戦）の後において「デモクラシー」の思想が旺盛になりまするというと、我も我もと「デモクラシー」に趨《はし》る、その後欧州の一角において赤化思想が起こりまするというと、またこれに趨《はし》る者がある。あるいは「ナチス」「ファッショ」のごとき思想が起こるというと、またこれに趨る者がある。思想上において国民的自主独立の見識のないことはお互いに戒めねばならぬことであります。

（五・一五事件の青年将校たちは）ロンドン条約は統帥権の干犯であるということを言うておりますが、憲法上から見てどこが統帥権の干犯になるかということは少しも究めておらぬ、天皇親政、皇室中心の政治というようなことを言うが、一体どういう政治を行わんとするのであるかというと、さっぱり分かっておらぬ、ただある者が今日の政党、財閥、支配階級は腐っていると言うと、一途にこれを信ずる、ロンドン条約は統帥権の干犯であるというと、一途にこれを信ずる、国家の危機目前に迫る、直接行動の他なしと言えば、一途にこれを信ずる、かくのごとくにして、（中略）複雑せる国家社会に対する認識を誤りたることが、この事件を惹起すに至りたるところの大原因であったのであります。

政党の主義政策はいずれも科学的根拠を有する合理性のものなるべく、決して迷想的のものなるべからず。（以上、斎藤隆夫『回顧七十年』中公文庫、一九八七年、二五五、二五

六、二六三各頁)

そして、敗戦後の一九四五年一一月一六日、日本軍国主義の敗北とアメリカの勝利という〝世界情勢の大転換〟の中、戦前に弾圧された人々の多くが礼讃され、自分らの正しさを謳歌していた時代、日本進歩党創立会の座長として斎藤は次のように自らの「敗北」を認めそこから議会政治・政党政治への期待をこめて演説したのだった。

政党が弱いから軍部、官僚の一撃に遭うて、直ちに崩壊してしもうた。それのみではない。われわれは、われわれの力によって、軍国主義を打破することができなかった。

言論、集会、結社の自由すら解放することができなかった。ポツダム宣言によって、初めてその目的を達することができた。

これらの事実は……遺憾ながらわれわれ日本政治家の無力を物語るのほか何もので

もない。……過ぎ去ったことは仕方がない。……これを繰り返さないがために……われわれはお互いに固く手を握り、将来この政党を提げて、大いに戦おうではないか。

(以上、斎藤前掲書、二、四、一九八各頁)

あとがき

本書は雑誌等に既発表の論考を元にしている部分がある。第1章は「中央公論」（二〇一九年五月号）、第2章は「歴史読本」（二〇〇八年九月号）、第3章・第4章・第5章は「Voice」（それぞれ二〇一九年七月号、二〇年九月号、二一年一一月号）、第9章は「Wedge」（二〇二一年九月号）、終章は「アステイオン」（二〇〇七年春号）を元にしている。このほか第6章と第7章は『大正史講義』（ちくま新書、二〇二一年）、第8章は青木保・川本三郎・筒井清忠・御厨貴・山折哲雄編『近代日本文化論1　近代日本への視角』（岩波書店、一九九九年）の原稿を元にしているが、とくに第8章と終章については大幅に改稿している。

初出時の担当編集者に謝意を表したい。

本書出版に際しては、『昭和史講義』シリーズなどでお世話になっている松田健ちくま新書編集長に大変お世話になった。松田氏の敏速で確実な編集なくしては本書の刊行はなかった。あらためて深甚な謝意を表したい。

二〇二二年二月

筒井清忠

ちくま新書

1648

天皇《てんのう》・コロナ・ポピュリズム
——昭和史《しょうわし》から見《み》る現代《げんだい》日本《にほん》

二〇二二年四月一〇日　第一刷発行

著者　筒井清忠（つつい・きよただ）

発行者　喜入冬子

発行所　株式会社　筑摩書房
東京都台東区蔵前二―五―三　郵便番号一一一―八七五五
電話番号〇三―五六八七―二六〇一（代表）

装幀者　間村俊一

印刷・製本　株式会社　精興社

ISBN978-4-480-07477-5 C0221